ALLE GRAPPIES OP 'n STOKKIE

ALLE GRAPPIES OP 'n STOKKIE

301 SKOON LEKKERLAG GRAPPE VIR JOU PLESIER

....

MARTYN DEMAS

CruGuru

ALLE GRAPPIES OP 'n STOKKIE

ISBN: 978-1-920265-89-2

Uitgegee deur CruGuru in 2009

www.cruguru.co.za

Johannesburg, Suid-Afrika

Voorwoord

Oor die jare heen het ek al baie uitstekende grappies gehoor, maar het meeste van hulle weer baie vinnig vergeet. Op 'n stadium het ek besluit om hulle neer te skryf so gou ek kon – en hier is die resultaat: 301 lekkerlag, skoon grappe wat ek met jou wil deel.

Martyn Demas
Augustus 2009

Inhoudsopgawe

1.   Medies

1   SNORKERY

Pasiënt: "Dokter, help my asseblief om my snorkery stop te sit."

Dokter: "Hoekom? Pla dit jou vrou?"

Pasiënt: "Ja dokter, en die res van die gemeente ook."

2   GRYS HARE

Klant: "Het u iets vir grys hare?"

Apteker: "Niks nie, mevrou, behalwe die grootste respek."

3   PYNLIK

"My kop is seer, my lyf is seer en my arm is seer, en my rug pyn ook nog," kla die pasiënt.

Die dokter beveel die pasiënt om op die bed te gaan sit. Die dokter neem 'n hamertjie en kap die pasiënt op die knie.

"Eina!" gil die pasiënt. "Nou pyn my knie ook!"

4   DOKTERSTAS

'n Dokter kom die hospitaalsaal binne en vra die pasiënt se man om buite te wag terwyl hy haar ondersoek. 'n Paar oomblikke later kom die dokter uit en vra die verpleegster of sy vir hom 'n tang in die hande kan kry. Die verpleegster oorhandig 'n tang aan die dokter, en hy is terug die saal in. Twee minute later kom hy weer uit en vra of die verpleegster vir hom 'n skroewedraaier in die hande kan kry. Die verpleegster oorhandig 'n skroewedraaier aan die dokter, en hy is terug die saal in, met 'n baie bekommerde man wat hom agternastaar. Toe die dokter 'n derde keer uitkom en vra vir 'n hamer, spring die man op en dring daarop aan om te weet wat fout is met sy vrou.

"Ek weet nog nie," sê die dokter. "Ek sukkel nog steeds om my dokterstas oop te kry."

5 TANDETREK

Pasiënt: "Hoeveel gaan dit kos om hierdie tand te laat trek?"

Tandarts: "R600."

Pasiënt: "R600? Net vir 'n paar minute se werk?"

Tandarts: "Wel, ek kan dit baie stadig trek as jy wil."

6 HONDERD JAAR

Pasiënt: "Dokter, wat moet ek doen om honderd jaar oud te word?"

Dokter: "Hou op drink, rook en met vroue lol!"

Pasiënt: "Sal ek dit dan tot honderd maak?"

Dokter: "Miskien nie, maar dit gaan vir jou so voel!"

7 ONSIGBAAR

Ontvangsdame: "Dokter, daar is 'n onsigbare man in die wagkamer."

Dokter: "Sê vir hom ek kan hom nie nou sien nie."

8 IGNOREER

Die pasiënt kom by die dokter se spreekkamer ingeloop.

Pasiënt: "Dokter, ek wil weet wat is fout met my. Die mense ignoreer my!"

Dokter: "Volgende!"

9 KLAVIERSPEEL

Die dokter kom besoek een van sy pasiënte in die hospitaal. Die man het 'n operasie aan beide hande ondergaan.

"Dokter!" roep die man en hou sy swaar verbinde hande dramaties in die lug. "Sal ek kan klavierspeel as hierdie verbande afgekom het?"

"Ja," sê die dokter. "Ek kan nie sien dat daar 'n probleem sal wees nie."

"Dis wonderlik!" sê die man. "Ek kon nog nooit voorheen klavier speel nie."

10 VANTEVORE

Dokter: "Het jy dit al van tevore gehad?"

Pasiënt: "Ja, dokter."

Dokter: "Wel, nou het jy dit weer."

11 STERK DRANK

Nadat hy die pasiënt deeglik ondersoek het, verklaar die dokter: "Meneer van der Merwe, ek kan regtig nie die oorsaak van jou klagte vind nie. Ek sou dink dis as gevolg van te veel sterk drank."

"In daardie geval," sê die pasiënt, "sal ek terugkom wanneer jy nugter is."

12 HUMEURIG

Pasiënt: "Dokter, jy moet my asseblief help. Ek ondervind so baie stres, ek verloor aanmekaar my humeur met mense."

Dokter: "Vertel my meer van jou probleem."

Pasiënt: "Ek het jou nou net vertel, jou moroon!"

13 MIN PILLE

Die man kom tuis van die dokter af en lyk baie bedremmeld. Sy vrou vra: "Wat is verkeerd?"

"Die dokter sê ek moet die res van my lewe elke dag een van hierdie pille drink."

"Dis nie so erg nie," paai sy vrou. "Baie mense drink elke dag een of ander pil."

"Maar hy het vir my net 10 pille gegee!"

14   IEMAND ONDER DIE BED

Koos gaan na die sielkundige toe. "Dokter, ek het 'n probleem. Elke aand as ek gaan slaap, dan voel dit vir my daar is iemand onder my bed. Ek klim uit die bed, kruip onder die bed in om te kyk, en net sodra ek onder die bed is, dan dink ek weer daar is iemand bo-op my bed. Dan kyk ek weer bo-op, en so gaan dit die hele nag aan. Ek sal mal raak – ek kry net geen slaap in nie!"

"Ek sal jou genees," sê die sielkundige. "Dit sal egter lank neem – twee jaar met drie besoeke per week."

"Nou hoeveel gaan dit my kos?" vra Koos.

"R250 per besoek."

"Ek sal eers daaroor gaan dink," sê Koos.

Koos het nooit weer na die sielkundige teruggegaan nie. Ses maande later loop hulle mekaar in die straat raak.

"Hoekom het jy nooit teruggekom nie?" vra die sielkundige.

"Vir R250 per besoek? 'n Kroegman het my verniet genees!"

"Is dit so? Hoe het hy dit reggekry?"

"Hy het voorgestel ek moet die bed se pote afsaag."

15   ANDER VROU

Dokter: "Daar is geen rede om bekommerd te wees oor jou vrou nie – jy sal 'n ander vrou hê as sy uit die hospitaal uit kom."

Man: "Maar wat as sy uitvind?"

16   WEGGOOI

Anna aan haar vriendin: "Marie, hoekom gooi jy jou nuwe elektroniese skaal weg?"

Marie: "Wel, die dokter het gesê ek moet ontslae raak van al die klein goedjies wat my irriteer."

17   BLOU-OOG

Koos kom met 'n blou oog en kneusplekke op sy gesig by die buite-pasiënte afdeling van 'n hospitaal aan.

Die klerk begin die gewone vorms invul. "Getroud?" vra die klerk.

"Nee," antwoord Koos verontwaardig. "Motorongeluk."

18   HOND

"Dokter, ek voel soos 'n hond!"

"Sit!"

19   BAIE SIEK PASIËNT

'n Sekere geneesheer het beroemd geword omdat hy beweer het dat hy kon sien wat is fout met sy pasiënt deur net in die pasiënt se oog te kyk. Gert het ook van hom gehoor en het besluit om hom te besoek omdat hy nie te goed gevoel het nie.

Dokter: "Dit lyk nie goed nie. Jy ly aan 'n vergrote hart, dubbele longontsteking, swak niere, knoop in die derm…"

Pasiënt: "Wag, wag dokter, stadig asseblief, jy is besig om by my glasoog in te kyk."

20   VOEL BETER

Uitasem kom Koos op die vyfde vloer aan en gaan by 'n deur in. Hy wag by die ontvangs en dan word hy na 'n kamer vergesel.

"Dokter," vra Koos, "wat moet ek doen om beter te voel?"

"Eet minder en verloor 20 kilogram. Hou op drink en rook. En laastens, gaan sien tog 'n oogkundige."

"'n Oogkundige, hoekom?"

"Want dan sal jy die kennisgewing op my deur kan lees. Ek is 'n argitek – die dokter is op die eerste vloer."

21   TANDEVLOS

Jannie se ma neem hom tandarts toe. Die tandarts kyk in Jannie se mond en vra: "Jannie, het jy die tandevlos wat ek laas keer vir jou gegee het gereeld gebruik?"

"Ja, dokter."

"Nou hoekom is dit dan so vuil tussen jou tande?"

"Wel, dokter, ek het dit gereeld gebruik om my vlieër mee te vlieg."

22   SKILLE

Dokter: "As jy regtig wil gesond word, moet jy net skille van vrugte eet. Wat is jou geliefkoosde vrug?"

Petro: "Kokosneut."

23   WHISKY

Karel gaan tandarts toe, maar hy is so op sy senuwees dat hy nie eens sy mond vir die tandarts wil oopmaak nie. "Kom ek gee jou 'n dop whisky om van jou vrees ontslae te raak," stel die tandarts voor. Karel is baie ingenome met hierdie idee en hy slaan die glas whisky weg.

Karel meen dit sal egter nog 'n dop vat om sy vrees weg te neem en die tandarts gee hom maar nog een. Net toe die tandarts aan hom wil begin werk, grom Karel: "Bewaar die een se siel wat naby aan my tande kom!"

24   ELEKTRISITEIT

"Dokter, ek voel soos 'n elektriese draad!"

"Dis skokkend!"

25   SEERKRY

Tandarts: "Kom, wees nou rustig, ek gaan jou nie seermaak nie."

Nuwe pasiënt: "Sê jy! Ek weet van – ek is self 'n tandarts!"

2.   Huis en Huwelik

26   Klere-diefstal

'n Man besoek 'n sielkundige omdat hy oor sy vrou bekommerd is. "Sy het hierdie groot vrees dat iemand haar klere wil steel," sê die man aan die sielkundige.

"Hoekom?"

"Toe ek eergister vroeg by die huis gekom het, sien ek dat sy 'n man gehuur het om in haar hangkas wag te staan om haar klere op te pas."

27   Nuus

Die vrou bel haar man nadat sy haar man se motor geleen het. "Ek het goeie en slegte nuus" sê die vrou.

"Ja?"

"Die goeie nuus is dat jou kar se lugsakke werk."

"En die slegte nuus?"

"Die slegte nuus is dat ek nie meer jou kar het nie. Dit is nou by die skrootwerf."

28   Gewigsverlies

Marie aan vriendin: "Genade, Susan, wat gaan aan dat jy so baie gewig verloor?"

"Ag jong," antwoord Susan. "Dis my man wat vir my so baie werk gee – van sonop tot laatnag werk ek my half dood."

"Nou hoekom los jy hom nie, Susan?"

"Nee, nie nou al nie. Ek wil eers nog vyf kilogram verloor!"

29   SKOONMA KOM KUIER

Klein Kosie groet sy ouma met 'n drukkie en sê: "Ag, ek is bly ouma het kom kuier. Nou kan ons uiteindelik die toertjie sien wat my pa al so lank vir ons belowe het hy gaan doen."

"Nou wat se toertjie is dit?" vra die ouma.

"Ek het gehoor dat hy vir mamma gesê het dat hy teen die mure gaan uitklim as ouma weer kom kuier!"

30   HUIS TE KOOP

Koos wys sy huis aan 'n voornemende koper. Hulle kom by 'n groot leë kamer uit.

"En dit?" vra die voornemende koper.

"Wel," antwoord Koos, "dit is my musiekkamer."

"Maar hier is dan geen musiekinstrumente nie?"

"Ja, maar in hierdie kamer hoor jy die buurman se tromme en saksofoon op jou beste."

31   LANK GETROUD

"Kobus, môre is ons net mooi vyf-en-twintig jaar getroud, sal ons vir ons 'n hoender slag?"

"Martie, waarom sal ons die arme hoender straf vir iets wat vyf-en-twintig jaar gelede gebeur het?"

32   LAAT VIR WERK

"Ek is jammer ek is laat," sê die werknemer aan sy baas. "Maar my skoonma, wat nou al 'n rukkie by ons kuier, het vanoggend in die badkamer gegly en bo-oor die wasbak bewusteloos geval."

"Goeie genugtig! En wat doen jy toe?"

"Eers het ek nie geweet wat om te doen nie, en toe het ek maar besluit om in die bad te skeer."

33 OMGEKRAPTE VROU

Koos se raad aan sy vriend: "Die getroude lewe leer gou dat jou vrou om jou ore sal neul as jy haar omkrap. As jy haar baie erg omkrap, dan kry sy stilstuipe. Dit is dus lonend om daardie ekstra bietjie moeite te doen."

34 MUIS

Vrou (laat in die nag): "Liefie, hoor hoe piep die muis."

Man: "Wil jy hê ek moet opstaan en hom olie gee?"

35 OU MOTORS

"Mamma, wat gebeur met 'n kar as dit te oud word om te ry?"

"Iemand verkoop dit aan jou pa."

36 IN GEVAL VAN 'n ONGELUK

"Mevrou, is jou man tuis?" vra die boekesmous by die voordeur. "Ek het 'n boek genaamd 'Wat om te doen in geval van 'n ongeluk' en ek wil dit graag vir hom wys."

"Wag net," antwoord die vrou. "Ek sal gou gaan kyk. As hy nog nie tuis is nie, gaan hy beslis daardie boek nodig hê."

37 RESEP

Pasgetroude vrou: "Liefstetjie, ek het hierdie resep uit die resepteboek gehaal."

Man: "Heeltemal reg, my skat, dit moes nooit daarin gewees het nie."

38 WEERKANAAL

Piet spog by Koos oor sy satelliet-TV: "Daar is selfs 'n 24-uur weerkanaal."

"Ag, ek het ook so 'n weerkanaal by my huis," sê Koos.

"Wat jy waar kry? Jy het nie satelliet-opvangs nie," sê Piet verontwaardig.

"By my huis noem ons dit 'n venster," antwoord Koos.

39   OPTIMIS

Fred was die ewige optimis. Dit het sy vriende later so geïrriteer dat, wanneer Fred van iets slegs hoor, hoe erg dit ook al mag wees, hy net sal sê: "Dit kon erger gewees het."

Sy vriende wou hom 'n poets bak om hom van sy optimisme te genees en hulle besluit om 'n situasie te skep wat so erg is dat selfs Fred geen hoop daarin sal kan raaksien nie.

Een dag op die golfbaan sê een van Fred se vriende: "Fred, het jy gehoor wat met Peet gebeur het? Hy het gisteraand by die huis gekom en sy vrou in die bed saam met 'n ander man gevang. Hy het so kwaad geword dat hy hulle albei doodgeskiet het."

"Dit is te verskriklik," sê Fred, "maar dit kon erger gewees het."

"Wat bedoel jy?"

"Wel," antwoord Fred, "as dit die vorige nag gebeur het, dan sou ek nou dood gewees het."

40   SKOT SE BURE

Die jong Skot het besluit dis tyd om sy eie potjie te gaan krap. Hy het sy ouerhuis verlaat en by sy eie woonstel ingetrek. 'n Week later bel sy ma hom om te hoor hoe dit daar gaan.

"Dit gaan baie goed. Ek het net vreemde bure. Aan die een kant bly 'n man wat sy kop die hele dag teen die muur stamp. Aan die ander kant bly 'n vrou wat op die vloer lê en skop en skree."

"Jy moet maar versigtig wees vir hulle," maan sy ma.

"Ja, ma. Ek bly maar liewer alleen hier in my woonstel en oefen die hele dag op my doedelsak."

41   SLIM HOND

"Daar is nie nog so 'n hond soos my Rottweiler nie," spog Piet by sy buurman.

"Hoekom nie? Wat is so spesiaal aan jou hond?"

"Hy bring elke oggend vir my die koerant."

"Daar is baie honde wat geleer word om dit vir hulle base te doen."

"Ek is nie 'n intekenaar op die koerant nie."

42   ONGEWENSTE GESKENK

Die vrou besoek 'n huweliksraadgewer.

Vrou: "Ek is baie ongelukkig omdat my man vir my 'n geskenk gegee het vir ons huweliksherdenking."

Huweliksraadgewer: "Is jy nie darem bly omdat jou man julle huweliksherdenking onthou het nie?"

"Nee, dis nie dit nie. Die geskenk was 'n afslagkoepon vir 'n gewigsverlies-program."

43   SNAAKSE SMAAK

Pasgetroude man: "Liefie, hoekom smaak die vleis so snaaks?"

Pasgetroude vrou: "Die vleis het gebrand, toe smeer ek maar salf daaraan."

44   RUSIE

Annie: "Ek maak gewoonlik elke naweek rusie met my man, en jy?"

Sarie: "O, nee, Gert word maandeliks betaal."

45   DOODSTIL

Sarel: "Het jy al ooit 'n klomp vroue bymekaar gesien terwyl almal doodstil is?"

Gert: "Ja."

Sarel: "Hoe so?"

Gert: "Ek het ingeloop en gevra wie die oudste van hulle is."

46   VERBREEKTE VERLOWING

Johan: "Is jy en Dina nie meer verloof nie?"

Gerhard: "Nee, sy het die verlowing verbreek."

Johan: "Het jy haar darem van jou ryk oom vertel?"

Gerhard: "Ja, en nou is Dina my tante."

47   DUIWEL

Koos het baie gedrink en toe hy weer een aand laat huis-toe kom, het sy vrou besluit om 'n laken om haarself te hang sodat sy vir Koos kan bangmaak. Toe Koos by die deur inkom, verskyn sy vrou in die donker gang en sê in 'n diep stem: "Ek is die duiwel."

"Dan kan ons gerus bladskud," sê Koos, "want ek is met jou suster getroud."

48   VERJAARDAG

Sy: "Laasnag het ek van 'n pragtige diamanthalssnoer gedroom en môre is dit my verjaardag."

Hy: "Dis 'n goeie idee – ek sal vir jou 'n boek oor drome koop!"

49   HISTORIES

Stefan: "Wat maak jou vrou as jy so laat in die aand huis toe kom?"

Maarten: "Sy word heeltemal histories."

Stefan: "Jy meen histeries?"

Maarten: "Nee, histories. Sy grawe al wat ou koei is weer uit die sloot."

50   DIE LIEFDE

"Het jy my regtig lief?" teem Stella.

"Natuurlik, liefling," antwoord Maans, "maar om nou heeltemal eerlik te wees, partymaal dink ek ook aan die Springbokke."

51   BESOEKERS

Boetie: "Pa en ma het besoekers."

Sussie: "Hoekom sê jy so?"

Boetie: "Ek het ma nou net oor een van pa se grappies hoor lag."

52   SALARIS

Petrus: "Martie, trou met my asseblief."

Martie: "En wat is jou salaris?"

Petrus: "R700,00 per maand."

Martie: "Ag, dis skaars genoeg om my van sneesdoekies te voorsien."

Petrus: "Nou-ja, dan moet ons maar wag totdat jou verkoue oor is."

53   STER

Jasper (romanties): "Ek wens ek was 'n ster."

Lindie: "Ek wens eerder jy was 'n komeet."

Jasper: "Hoekom?"

Lindie: "Dan sou jy nie elke aand verskyn het nie."

54   VOORSKOOT

Santie aan verkoopsassistent: "Ek kom net hierdie voorskoot omruil wat ek gister gekoop het. Dit is te klein."

Verkoopsassistent: "Maar dit pas jou perfek!"

Santie: "Nee, dit sit bietjie styf om my man."

55   VERSKILLENDE GROTES

Olie-sjeik: "Ek wil al hierdie japonne op jou rak koop."

Winkelassistent: "Maar hulle is dan almal verskillende grotes!"

Olie-sjeik: "Maar so is al my vrouens ook!"

56   NUWE WOONSTEL

Die eienaar van 'n blok woonstelle wys 'n woonstel aan die vrou van 'n voornemende huurder.

"Enige kinders?" vra die eienaar.

"Ja, twee seuns. Vyf en Nege."

"Diere?"

"Nee," kom die verontwaardige antwoord. "Hulle is baie goed opgevoed!"

57 TROUE

Voornemende bruid: "Ma, ons moet nie eens die onbenulligste detail uit die oog verloor nie!"

Ma: "Moet nie bekommerd wees nie, my kind. Hy sal wel opdaag."

58 ADVERTENSIES

Charl: "Advertensies kos my baie geld!"

Otto: "Maar wat adverteer jy? Jy het tog nie 'n besigheid nie."

Charl: "Nee, ek adverteer niks nie. Maar dis my vrou wat al die advertensies lees!"

59 HUWELIKSHERDENKING

Sarie: "Onthou jou man altyd julle huweliksherdenking?"

Marie: "Nee, maar ek herinner hom in Januarie en weer in Julie – dan kry ek twee geskenke."

60 BOEK

Hester: "Watter boek het vir jou die meeste betekenis in jou lewe gehad?"

Bettie: "My man se tjekboek."

61 RYK MAN

Sarel: "My vrou droom snags dat ek ryk is."

Louis: "Jy is gelukkig – my vrou droom dit bedags!"

62 MOOISTE WOORDE

Susan: "Johan sê altyd die mooiste goed vir my. Hy sê dinge wat niemand anders sal droom om vir my te sê nie."

Bettie: "Wat sê hy? Vra hy jou om te trou?"

63 WEET VAN BETER

Jan: "Annie, trou met my!"

Annie: "My liewe Jan, weet jy nie van beter nie?"

Jan: "Ja, maar hulle wil my nie hê nie."

64   HUWELIKSBERADING

Gert en sy vrou Sarie gaan sien 'n huweliksberader na 'n huwelik van 15 jaar. Die berader vra wat die probleem is.

Sarie gaan oor in 'n tirade en noem elke probleem wat hulle in die afgelope 15 jaar gehad het. En sy hou net aan en aan...

Uiteindelik staan die berader op, loop om sy lessenaar tot by Sarie, druk haar vas en soen haar vuriglik. Uiteindelik bly Sarie stil en sit bedees in haar stoel.

Die berader draai na Gert en sê: "Dit is wat jou vrou ten minste drie maal per week nodig het. Sal jy dit kan doen?"

Gert dink na vir 'n oomblik, en antwoord: "Ek kan haar hier aflaai op Maandae en Woensdae, maar Vrydae speel ek golf."

65   TOEKOMSTIGE VROU.

Die dokter ondersoek Koos se toekomstige vrou. Toe hy klaar is, roep hy Koos eenkant.

Dokter: "Kyk, dit is 'n lelike ding waaroor ons ongelukkig nou moet praat."

Koos: "Ek weet dokter, maar sy het baie geld."

66   HANDELAAR

Martie en Susan is al jare met hul mans getroud. Martie is baie omgekrap omdat sy dink haar man vind haar nie meer aantreklik nie.

"Soos wat ek ouer word kyk hy al minder en minder na my!" Sê sy ontsteld.

"Ek is vreeslik jammer vir jou" sê Susan. "My man sê weer ek word vir hom al mooier soos wat ek ouer word."

Martie antwoord skerp: "Ja, maar jou man is 'n handelaar in oudhede!"

67   OUDERDOM

Bert, 'n welgestelde 70-jarige wewenaar, daag by die kroeg op met 'n beeldskone jong blonde dame wat aan sy arm hang en alte liefies na hom loer. Sy vriende kry hom uiteindelik alleen in die toilet en vra: "Bert, hoe kry jy dit reg om so 'n beeldskone blondine uit te neem op jou ouderdom?"

"Want sy is my vrou!" antwoord Bert.

"Nou hoe het jy haar dan oorreed om met jou te trou?"

"Ek het gelieg oor my ouderdom," sê Bert selfvoldaan.

"Wat, het jy gesê jy is net 50 jaar oud?"

"Nee, 90 jaar oud!"

3.   Werk en Besigheid

68   HUISTOEGAANTYD

Drie seuntjies stry oor wie se pa die vinnigste is.

Kosie is eerste aan die beurt: "My pa kan 'n pyl met 'n boog skiet en dan begin hardloop en dan voor die pyl daar anderkant aankom."

"Ag dis nog niks," spog Pietie, "My pa kan 'n koeël met sy geweer skiet en dan begin hardloop en dan voor die koeël daar anderkant aankom."

"My pa is nog die vinnigste," spog Jannie. "Hy werk vir die staatsdiens, kom vyfuur van die werk af, maar hy is al vieruur by die huis."

69   PAKKET

Teen die einde van die werkonderhoud vra die personeelbeampte vir die jong pas-gegradueerde MBA student: "En in watter tipe beginsalaris sou jy belangstel?"

"So in die omgewing van R80 000 per maand, afhangende van die byvoordele."

"Wel, wat sal jy sê van 'n pakket van R100 000 per maand, 6 weke betaalde verlof per jaar, volle medies en pensioen, 'n selfoon, en 'n maatskappymotor, sê, 'n rooi BMW Z4?"

Die kandidaat sit regop en sê: "Koel! Maak jy nie miskien 'n grap nie?"

"Ja," antwoord die personeelbeampte, "maar jy het eerste begin grappies maak."

70　VoORMAN

"Hoekom het die voorman jou afgedank?" vra Koos vir Piet.

"Wel," antwoord Piet, "jy weet hoe 'n voorman altyd rondstaan en kyk hoe die ander die werk doen?"

"Ja."

"My voorman het jaloers geraak. Mense het begin dink ek is die voorman."

71　VERANTWOORDELIK

Werkgewer: "Vir hierdie pos het ons iemand nodig wat verantwoordelik is."

Koos: "Dan is ek net die regte man vir julle. As daar iets verkeerd geloop het by my vorige werk, het almal altyd gesê dat ek verantwoordelik is."

72　DIE BAAS SE GRAPPE

Die baas kom terug op kantoor na ete en is in 'n baie goeie bui. Hy roep al sy personeel byeen en hy begin grappe vertel. Almal, behalwe Martie, lag uitbundig vir sy grappe.

"Wat is jou probleem?" grom die baas uiteindelik vir haar. "Het jy nie 'n sin vir humor nie?"

"Ek hoef nie saam te lag nie," antwoord Martie. "Ek het vanoggend my bedanking ingesit."

73　VERKOOPSMAN

Koos gaan eende jag saam met sy vriende. Met behulp van sy gewillige hond, genaamd Verkoopsman, skiet hy baie meer eende as sy vriende saam.

'n Paar maande later maak hulle weer so, maar hierdie keer kry Koos geen eende geskiet nie.

"Wat het dan gebeur?" vra sy vrou.

"Nee, jy sien, net voor ons begin jag, toe kom Piet en hy sê vir Verkoopsman: 'Jou naam is nie meer Verkoopsman nie, dis nou Verkoopsbestuurder'. Van toe af sit Verkoopsman net op sy agterent en blaf die hele dag."

74   DIE BAAS SE GUNSTELING

"Die bestuurder behandel my net soos 'n hond," sê die jong sekretaresse.

"Ja, soos 'n skoothondjie," antwoord die ouer sekretaresse.

75   TELEFOONOPROEP

Bang – bang stap 'n nuwe klerk die direkteur se kantoor binne.

"Meneer," sê hy senuweeagtig, "meneer, ek dink iemand wil met u praat oor die telefoon."

"Jy dink so, kêrel? Dit help niks, jy moet weet."

"Wel, meneer," hakkel die klerk, "die persoon het gevra: 'Is dit jy, pampoenkop?'"

76   TEERPAD SE SKULD

"Hoekom is jy laat vir werk?" wil die baas weet.

"Wel," antwoord Koos, "dit is so warm vandag dat die teermolekules in die snelweg uitgesit het en dit veroorsaak het daar 'n groter afstand tussen my huis en die kantoor ontstaan het."

77   STUKKENDE FOTOKOPIËERDER

Die kantoor se fotokopiëerder is vir die soveelste maal stukkend. Die sekretaresses wat naaste aan die masjien sit het die volgende nota daar opgeplak:

Die fotokopiëerder werk nie.

JA – Ons het die dienstegnikus al uitgeroep.

NEE – Hy sal nie vandag hier kan uitkom nie.

NEE – Ons kan dit nie self herstel nie.

NEE – Ons weet nie hoe lank dit sal vat nie

NEE – Ons weet nie wat die probleem veroorsaak het nie.

NEE – Ons weet nie wie die probleem veroorsaak het nie.

JA – Ons gaan die masjien hou.

NEE – Ons weet nie wat jy nou gaan maak nie.

78   Slim Rekenmeester

Een sakeman aan die ander: "My rekenmeester is elke sent werd van die geld wat hy my vra, omdat hy my so baie tyd spaar. Hierdie jaar het hy my byvoorbeeld ongeveer 5 tot 10 jaar in die tronk gespaar."

79   Getuigskrif

Sekretaresse aan bestuurder: "Meneer, hier is 'n brief van 'n maatskappy wat 'n getuigskrif vra van Koos wat eers hier by ons gewerk het."

Bestuurder: "Skryf vir hulle hy is 'n skelm en 'n leuenaar en alles wat hy weet, het hy by ons geleer."

80   Ondervinding

Direkteur: "Hoekom het jy vir my in die onderhoud gesê dat jy al drie jaar ondervinding in die bankwese het, terwyl jy nog nooit van te vore 'n werk gehad het nie?"

Jong dame: "Wel, omdat u gevra het vir 'n verbeeldingryke persoon."

81   Min Werk

Voorman: "Jy soek werk? Wel, hier is skaars werk om een man vir een uur besig te hou."

Werksoeker: "Nee, maar dis reg. Dis net die soort werk wat ek soek."

82   Lui werksoeker

"Werk het nog niemand doodgemaak nie," sê 'n pa aan sy lui seun.

"Dit is juis die moeilikheid, pa, ek wil graag 'n werk doen waarin daar darem so 'n bietjie gevaar is."

83   Rekenmeester

Die direkteur van 'n maatskappy bel 'n agent by 'n werkverskaffingsagentskap.

Direkteur: "Ons soek 'n rekenmeester."

Agent: "O, ons het mos twee weke gelede een na julle maatskappy gestuur."

Direkteur: "Ja, dis reg. Dis die een wat ons soek."

84   ETE MET DIE BAAS

Koos nooi sy baas vir aandete.

Klein Sannie (aan tafel): "Maar dis dan beesvleis, hierdie, pappa!"

Koos: "Ja, Sannie, maar jy eet mos beesvleis."

Sannie: "Ja, maar vanoggend het pappa vir mamma gesê dat pappa 'n skaapkop vir ete gaan saambring!"

85   VERSNIPPER

Die nuwe werknemer staan voor die snippermasjien en lyk baie verward.

"Het jy hulp nodig?" vra 'n sekretaresse wat verbyloop.

"Ja," antwoord hy. "Hoe werk hierdie ding?"

"Maklik," sê sy, neem die dik verslag wat hy in sy hande het en voer dit by die masjien in.

"Dankie," sê hy, "maar waar kom die afskrifte uit?"

86   UITVERKOPING

Daar is drie klerewinkels langs mekaar in die hoofstraat. Een oggend sien die eienaar van die middelste winkel 'n groot kennisgewing by die ingang van die linkerkantste winkel: "Voorraaduitverkoping: Alles moet gaan." Bokant die ingang van die regterkantste winkel is ook 'n groot kennisgewing: "Uitverkoping: Alles teen kosprys." Die eienaar van die middelste winkel gaan toe gou in en maak 'n kennisgewing vir sy winkel wat sê: "Hoofingang na die uitverkoping!"

87   WERK IN DIE MIDDAG

Baas aan nuwe klerk: "het die kassier jou gesê wat jy in die middag moet doen?"

Klerk: "Ja, ek moet hom wakker maak wanneer ek meneer sien aankom."

88   TREURIGE BESIGHEID

Fotograaf: "Glimlag asseblief, jy lyk so treurig."

Man: "Maar ek gaan die foto as advertensie vir my besigheid gebruik."

Fotograaf: "Wel, dink jy nie dit sal baie beter wees om op 'n advertensie te glimlag nie?"

Man: "Wie sal 'n glimlaggende lykbesorger huur?"

89   GOEIE VERKOOPSMAN

Toe die winkelbestuurder na ete terugkeer winkel toe, merk hy dat een van sy verkoopsmanne se linkerhand verbind is. Voordat hy nog kon uitvra, sê die verkoopsman: "Raai wat meneer! Meneer weet mos daai aaklige pak klere wat ons so mee gesukkel het – ek het dit verkoop gekry!"

"Jy bedoel daai een met die blou en pienk en die dubbele lapelle?" vra die bestuurder.

"Die einste" antwoord die verkoopsman opgewonde.

"Dis wonderlik," sê die bestuurder "Maar waarom is jou hand verbind?"

"Wel, nadat ek die pak aan die kêrel verkoop het, het sy gidshond my gebyt!"

90   GEKRAAKTE EIERS

Vrou aan winkelier: "Wat kos jou eiers?"

"Net R1,00 een mevrou, maar as jy 'n gekraakte een kry, kos dit slegs 80 sent."

"Reg," sê die vrou, "kraak gou vir my 'n dosyn asseblief."

4.   In Uniform

91   TOETS

'n Jong vlootkadet word deur die admiraal getoets. "Wat sal jy doen as daar skielike 'n storm aan die stuurboordkant uitbreek?" vra die offisier.

"Ek sal die anker uitgooi, admiraal."

"En wat sal jy doen as daar skielike 'n storm aan die bakboordkant uitbreek?" vra die offisier.

"Ek sal nog 'n anker uitgooi, admiraal."

"En as daar 'n woeste storm by die boeg uitbreek, wat sal jy dan doen?"

"Ek sal nog 'n anker uitgooi, admiraal."

"Wag 'n bietjie," sê die admiraal. "Waar kry jy skielik al hierdie ankers vandaan?"

"Dieselfde plek waar admiraal al die storms vandaan kry."

92   WAGSTAAN

Koos is 'n nuwe rekruut in die leër en kry opdrag om by die hek wag te staan. Hy mag onder geen omstandighede 'n voertuig sonder 'n plakker op die voorruit deurlaat nie. 'n Groot swart motor kom aangery met 'n generaal op die agtersitplek.

"Halt," roep Koos. "Wie gaan daar?"

"Dit is generaal Mdluli," antwoord die chauffeur, 'n korporaal.

"Ek kan julle nie deurlaat nie," sê Koos. "Julle het nie 'n plakker op die windskerm nie."

"Komaan, ry in!" beveel die generaal.

"Stop!" roep Koos. "Ek het streng opdrag om te skiet as iemand hier probeer ingaan sonder 'n plakker."

"Ry net in!" beveel die generaal.

Koos kom staan langs die generaal. "Ekskuus generaal, ek is nog nuut hier. Vir wie moet ek skiet, vir jou of jou chauffeur?"

93   GLASOOG

Die korporaal word gevra om 'n lesing aan te bied as deel van sy evaluering om as instrukteur te kwalifiseer. Die korporaal het een glasoog gehad en tydens die lesing val sy glasoog uit sy oogkas op die vloer. Die korporaal buk, tel die glasoog op, steek dit nonchalant in sy sak en gaan voort met die lesing asof niks gebeur het nie.

Na die lesing skryf die instrukteur in sy verslag soos volg oor die korporaal: "Hy sal 'n goeie instrukteur uitmaak – hy is egter net geneig om sy oë te laat ronddwaal."

94   OOGTOETS

Koos kry oproepinstruksies van die weermag af. Hy meld aan en moet vir 'n mediese ondersoek gaan. Hy wil egter die diensplig ontduik en besluit om te maak of sy sig baie swak is.

"Kyk na die kaart en lees die letters vir my," beveel die weermag se oogarts.

"Waar is die kaart?" vra Koos en maak of hy dit nie eens kan raaksien nie.

"Wat is hierdie?" vra die oogarts en hou 'n besem omhoog.

"Hmm, dit lyk soos 'n potlood," lieg Koos.

Die oogarts bevind Koos ongeskik vir diens en Koos word vrygestel van diensplig.

Daardie aand gaan Koos bioskoop toe, en toe die ligte aangaan na die vertoning, is hy baie verbaas om te sien dat dieselfde oogarts langs hom sit. Koos dink vinnig en leun oor na die oogarts. "Sê my, gaan hierdie bus Germiston toe?" vra Koos.

95 HANDE IN DIE SAKKE

Dit is 'n bitter koue dag en die kaptein se jeep ry verby 'n troep wat hande-in-die-sakke rondloop.

"Stop die Jeep!" beveel die kaptein. Die drywer hou stil en die kaptein roep die troep: "Haai, jy! Kry jou hande koud?"

Die troep sien die kaptein en kom op aandag, maar met sy hande nog steeds in sy broeksakke. "Nee, kaptein," antwoord hy. "Maar hulle sal sekerlik koud kry as ek hulle uit my sakke uithaal."

96 REËNBOOG

"Wat is die verskil tussen 'n konstabel en 'n reënboog?"

"Nee, ek weet nie."

"Daar is geen onderskeid nie – altwee verskyn as die storm eers verby is."

97 BOTTEL BIER

'n Soldaat, op wag, sien iets in die pad beweeg. "Halt, wie gaan daar?" roep hy.

"'n Vriend met 'n bottel bier," kom die antwoord.

Soldaat: "Voorwaarts vriend, halt bottel bier!"

98 DOODMOEG

'n Soldaat was op mars uit en was so moeg dat hy vyf maal uit gelid geval het.

Sersant: "Jy hoort nie by ons korps nie, jy moet by die lugmag aansluit!"

Soldaat: "Die lugmag?"

Sersant: "Ja, want daar sal jy net een maal die geleentheid hê om uit te val!"

99 ARGUMENT

Twee klein meisies het 'n argument oor hulle pa's, wat beide polisiemanne is.

"My pa is 'n berede polisieman," spog Bettie. "Hy ry die hele dag lank op 'n perd."

"Dis niks beter as om 'n gewone polisieman soos my pa te wees nie," sê Annie verontwaardig.

"O ja, dit is," sê Bettie. "As daar enige moeilikheid kom, dan kan hy baie vinniger wegkom!"

100   VRIEND OF VYAND?

Amerikaanse Kaptein: "Het jy hierdie man gevra wie hy is voordat jy gevuur het?"

Amerikaanse Soldaat: "O ja, kaptein. Ek het gevra 'Wie gaan daar?'"

Kaptein: "En toe?"

Soldaat: "En toe antwoord hy: 'Vriend!'"

Kaptein: "Nou waarom het jy hom geskiet?"

Soldaat: "Ek het geweet hy is nie een van ons mense nie, want hulle sê altyd: 'Osama bin Laden!'"

101   SKULDIG

Motoris: "Ek het duidelik die reg van toegang gehad, toe hierdie persoon voor my ingery het, maar jy sê ek is verantwoordelik vir die ongeluk?"

Verkeerskonstabel: "Ja, jy is definitief die skuldige party – vir drie goeie redes: Ten eerste is hierdie man se pa die burgemeester, sy broer is die hoof van die verkeersafdeling en ek is aan sy suster verloof!"

102   ONDER DIE INVLOED

Magistraat: "Maar as hierdie man in die middel van die straat op sy hande en knieë was, dan is dit nog geen bewys dat hy onder invloed van drank was nie."

Konstabel: "Ja, edelagbare, maar hy het die witlyn probeer oprol."

103   KLEINGELD

Kaptein aan soldaat: "Het jy miskien vir my kleingeld vir R20?"

Soldaat: "Ja, sekerlik, ou maat."

Kaptein: "Dis nie hoe jy 'n offisier aanspreek nie. Doen dit nou behoorlik! Het jy miskien vir my kleingeld vir R20?"

Soldaat: "Nee, kaptein!"

5.   Skool

104   BRIEFIE

Jannie se pa (met 'n kwaai stemtoon): "Jannie, ek het vandag 'n briefie van jou onderwyseres gekry."

Jannie: "Rêrig pa? Gee my twintig rand, ek sal niks vir ma hiervan sê nie."

105   BEROEPE

Die onderwyseres vra dat elkeen in die klas om die beurt moet opstaan en sê watter beroep sy of haar pa beoefen.

Sannie is eerste aan die beurt: "My pa is 'n predikant. Elke Sondag preek hy vir die gemeente."

Volgende is Pietie: "My pa is 'n motorwerktuigkundige. Hy maak karre reg."

Jannie kom aan die beurt. "My pa is 'n danser. Hy dans vir vrouens en trek sy klere voor hulle uit." Die onderwyseres is vreeslik geskok en vra vir Jannie om na die klas agter te bly.

Na die klas kom Jannie na die onderwyseres se tafel toe.

"Jannie, is dit waar dat jou pappa ontkleedanse doen?"

Jannie kry trane in sy oë en die onderwyseres dink al hoe sy die welsyn gaan inlig oor die saak.

"Nee, juffrou, ek was te skaam om te sê my pa speel rugby vir die Lions. Hulle speel deesdae so sleg, die ander seuns sal mos nooit met my speel as hulle dit weet nie!"

106 SCHWEIZER RENECKE

Onderwyser: "Jannie, waar is Schweizer Renecke?"

Jannie: "Ek weet nie, Meneer. Hy is nie in ons klas nie."

107 JUFFROU SE GESKENKE

Dit is die laaste skooldag van die jaar en die kinders bring geskenke vir hulle onderwyseres. Kosie, die bloemiste se seun, bring vir haar 'n kartonboks. Sy hou dit in die lug op, ruik daaraan, en sê: "Ek is seker ek weet wat hierin is. Dit is blomme, nê?"

"Ja, juffrou, dis reg!"

Volgende kom Sannie, die slagter se dogter, en bring vir haar 'n klein pakkie. Die onderwyseres skud die pakkie en sê: "Ek is seker ek weet wat hierin is. Dit is biltong, nê?"

"Ja, juffrou, dis reg!"

Volgende kom Jannie, seun van die drankwinkel se eienaar, en bring vir haar 'n groterige kartonboks. Die onderwyseres hou die boks in die lug en sien dat daar vloeistof uitlek. Sy vat haar vinger, druk dit in die vloeistof, proe daaraan en sê: "Ek is seker ek weet wat hierin is. Dit is wyn, nê?"

"Nee, juffrou."

Die onderwyseres proe weer aan die vloeistof. "Is dit sjampanje?" vra sy.

"Nee juffrou," sê Jannie en grinnik.

"Ek gee op. Wat is dit?"

"Dis 'n klein hondjie, juffrou."

108 AANTREKLIK

Onderwyseres: "Watter tyd is: 'Ek is aantreklik?'"

Jannie: "Verlede tyd, juffrou."

109   HUISWERK

Voor die vakansie begin, gee die onderwyseres vir die kinders 'n huiswerkopdrag vir die vakansie. "Julle moet gaan kyk na iets leersaams in die natuur by die plek waarheen julle met vakansie gaan. Na die vakansie moet julle vir die klas kom vertel wat julle gesien het en wat ons daaruit kan leer."

Na die vakansie moet die kinders hulle opdrag uitvoer. Sannie kom eerste aan die beurt. "Juffrou, ek het in die veld geloop en toe op 'n miershoop afgekom. Ek het gesien hoe die miere aanhoudend in- en uitloop en kos aandra na hulle nes binne-in die miershoop."

"Nou wat kan ons daaruit leer, Sannie?"

"Juffrou, as ons mense net so fluks soos die miere is, dan sal ons baie meer dinge kan doen."

Intussen sit Jannie baie benoud agter in die klas en dink wat hy gaan sê, want hy het natuurlik nie die huiswerk gedoen nie.

Volgende is Pietie aan die beurt. "Juffrou, ons was by die see. Ek het gesien hoe die vissermanne die vissies wat te klein is, teruggooi in die see."

"Nou wat kan ons daaruit leer, Pietie?"

"Ons moet leer om goeie dade te doen, juffrou."

Uiteindelik kom Jannie aan die beurt. "Ek was op die plaas in die vakansie en sien toe 'n klein, klein voëltjie in die veld rondloop. Daar was ook 'n groot koei. Die voëltjie loop toe so onder die koei se agterwêreld in en toe mis die koei – sommer so 'n groot bol reg bo-op die voëltjie. Net die voëltjie se kop steek bokant die bol mis uit en die voëltjie maak sy bekkie oop en skree alte verskriklik. Net toe hoor 'n arend, wat hoog in die lug vlieg, die voëltjie se geskree. Hy kom uit die lug geduik, vang die voëltjie met sy snawel en vlieg met hom weg om hom te gaan opvreet."

"Nou wat kan ons daaruit leer, Jannie?"

"Juffrou, as jy in die dinges is, moet jy jou bek hou."

110   VAKANSIE

Onderwyseres: "Klas, ek hoop julle gaan hou lekker vakansie en kom met meer verstand terug."

Jannie: "Dankie, en dieselfde vir Juffrou."

111   ONWELVOEGLIKE WOORD

Die onderwyseres hoor dat Jannie 'n baie onwelvoeglike woord gebruik.

"Jannie," sê die onderwyseres, "jy moenie daardie woord gebruik nie. Waar het jy dit gehoor?"

"By my pa, juffrou," antwoord Jannie.

"Wel, dit maak nie saak nie. Jy weet nie eens wat dit beteken nie."

"Ja, ek weet," sê Jannie. "Dit beteken die kar wil nie vat nie."

112   JOHANNESBURG

Onderwyseres: "In Johannesburg word daar elke 30 minute 'n man omgery."

Jannie: "Die arme man."

113   VROEDVROU

Onderwyser: "Jannie, wat is 'n vroedvrou?"

Jannie: "Dis die Engels vir 'n vrugteverkoopster, meneer."

114   GESKIEDENIS

Kosie: "Pa, het jy ook soms gedruip toe jy skoolgegaan het?"

Kosie se pa: "Ja, my seun."

Kosie: "Wel, pa, die geskiedenis herhaal homself."

115   EERSTE MENS

Onderwyseres gedurende Bybelles: "Wie was die eerste mens?"

Jannie: "Jan van Riebeeck, juffrou."

Onderwyseres: "En wat dan van Adam?"

Jannie: "Ekskuus, maar ek het nie geweet juffrou bedoel uitlanders ook nie."

116   ONDERVRAGING

Die bendeleier se seun het 'n toets by die skool geskryf. Daardie aand by die huis vra sy pa vir hom: "Hoe het dit gegaan met die toets?"

"Pa, hulle het my vir drie ure lank ondervra, maar ek het niks verklap nie!"

117   PARYS

Jannie doen sy aandgebed voor sy ma. "Asseblief, laat Parys die hoofstad van Engeland wees," bid hy.

Toe hy klaar is vra sy ma: "En waarom bid jy so iets?"

Jannie antwoord: "Ek het dit vandag op my eksamenvraestel geskryf!"

118   GELD VERLOOR

Onderwyseres: "As jy sewe rand in jou sak het en jy verloor drie rand, wat het jy dan in jou sak?"

Kosie: "'n Gat, Juffrou."

119   REKENAARGELETTERD

Onderwyser: "Kosie, spel vir my 'kat'."

Kosie: "K-A-T, Enter."

120   SKOOLINSPEKSIE

'n Skoolinspekteur doen klasbesoek en hy begin vrae aan die kinders stel. Hulle beantwoord al sy vrae korrek, en hy dink dat hy hulle darem 'n bietjie wil vasvra.

"Daar is 'n pad wat 10 kilometer lank is," sê die inspekteur. "Aan weerskante van die pad groei twee rye bome en die bome is elk 5 meter uitmekaar. Hoe oud is ek?"

Na 'n lang stilte steek Jannie sy hand op. "Meneer is 42 jaar oud," antwoord Jannie.

"Dis reg. Hoe het jy dit uitgewerk?"

"Sien meneer," verduidelik Jannie, "ek het 'n ouer broer wat net halfpad simpel is, en hy is 21 jaar oud."

121   OPLETTEND

Die skoolinspekteur wil aan die onderwysers bewys hoe onoplettend die kinders in haar klas is.

Inspekteur: "Kinders, gee vir my enige getal met twee syfers in."

Sannie: "Ses en dertig, meneer." Die inspekteur skryf drie en sestig op die bord.

Inspekteur: "Kinders, gee vir my nog 'n getal met twee syfers in."

Pietie: "Twee en negentig, meneer." Die inspekteur skryf nege en twintig op die bord."

Inspekteur: "Kinders, gee vir my nog 'n getal met twee syfers in."

Stem uit die klas: "Sewe en sewentig – probeer dít nou omruil, jou bobbejaan!"

122   MUNTSTUK

Die graad een onderwyseres sit 'n vyf-rand muntstuk op haar tafel neer en vra: "Kan enige een vir my sê wat ek hier op my tafel het?"

Jannie kom nader, bekyk die muntstuk, en antwoord: "Dis 'kop' juffrou!"

123   SLAAP IN KLAS

Onderwyser: "Jannie, jy kan nie in my klas slaap nie!"

Jannie: "Ja ek weet, meneer, maar as meneer net 'n bietjie stiller is dan sou ek dit kon regkry!"

124   SÊ DIE HOOF SLEG

Seun aan meisie: "Hierdie hoof van ons is darem maar 'n aap!"

Meisie: "Weet jy wie ek is?"

Seun: "Nee, wie?"

Meisie: "Ek is die hoof se dogter!"

Seun: "Nou weet jy wie ek is?"

Meisie: "Nee, wie?"

Seun: "Dankie tog!"

125   ONDER WATER

Jannie se Pa: "Jannie, hoe lyk jou punte?"

Jannie: "Dis alles onder water, pa."

Jannie se Pa: "Nou hoe bedoel jy?"

Jannie: "Dis alles onder C-vlak!"

126   EIERS LÊ

Onderwyser: "As ek ses eiers hier lê, en drie eiers daar lê, hoeveel eiers het ek altesaam?"

Jannie: "Om die waarheid te sê, meneer, ek glo nie jy gaan dit regkry nie!"

127   RAAS

Onderwyser: "Jannie, ek sal net graag deur een dag wil gaan sonder om met jou te moet raas."

Jannie: "Dis reg so meneer, jy het my toestemming daarvoor."

128   WISKUNDE

Ma: "Sannie, ek kan nie verstaan hoekom jy nie beter vaar in wiskunde nie. Dit was my beste vak op skool."

Sannie: "Maar ma, ek het darem 7 uit 10 vir my toets gekry."

Ma: "Sannie, jy moet beter as dit doen. Vyftig persent is net nie goed genoeg nie!"

129   DRUIP

Pa: "Jannie, wat het ek gesê gaan ek met jou doen as jy Wiskunde druip?"

Jannie: "Sjoe, pa, ek kan ook nie onthou nie!"

130   VERSKIL

Onderwyseres: "Vat 9 af van 150. Wat is die verskil?"

Jannie: "Dis wat ek ook sê, juffrou. Wat is die verskil?"

131   OPTEL

Pa: "Hoe vaar jy deesdae met jou wiskunde?"

Sannie: "Ek kan die nulle al optel, maar ek het nog probleme met die ander syfers."

132   NA-APER VAN VOËLS

Sannie: "My onderwyseres maak voëls na."

Ma: "Hoe so?"

Sannie: "Sy hou my met valkoë dop!"

133   HOND

Onderwyser: "Jannie, jou opstel oor 'My Hond' is presies dieselfde as jou broer s'n in die ander klas. Het jy by hom afgeskryf?"

Jannie: "Nee, meneer. Dit gaan oor dieselfde hond."

134   SIEK KIND

Onderwyser (op die telefoon): "U sê Kobus het 'n baie slegte hoes en kan nie skool toe kom nie? Met wie praat ek nou?"

Stem oor die telefoon: "Dit is my pa!"

135   TOEKA VS. VANDAG

Scenario: Koos en Gert raak betrokke in 'n vuisgeveg by die skool

Toeka: 'n Groot groep seuns drom saam om die twee, hulle tik mekaar dik, skud hande en die volgende dag is hulle groot vriende.

Vandag: Die polisie word ontbied en hulle arresteer vir Koos en Gert. Alle selfone met video's van die geveg word gekonfiskeer as bewysstukke. Beide Gert en Koos word aangekla vir aanranding. Albei word uit die skool geskors al het Gert die geveg begin. Hulle ouers word ingeroep vir konsultasie en die ander kinders wat die geveg gesien het, kry trauma-berading. Die video van die geveg is binne 15 minute beskikbaar op die internet.

136   LAAT

Onderwyser: "Jannie, hoekom is jy elke dag laat?"

Jannie: "Meneer, hier buite die skool is 'n bord wat sê: Stadig, skool voor."

137   DONKER

Jannie: "Pa, kan jy in die donker skryf?"

Pa: "Ja, ek dink so. Hoekom wil jy weet?"

Jannie: "Teken net asseblief my rapport nadat ek die lig afgesit het."

138   GEROEP

Onderwyseres: "Gerda, het jy nie gehoor ek roep jou nie?"

Gerda: "Ja, juffrou, maar gister het juffrou gesê ons moenie terugpraat nie!"

139   PRAAT

Onderwyser: "Wat noem 'n mens iemand wat aanhou praat nadat die mense nie meer belangstel om te luister nie?"

Jannie: "'n Onderwyser."

6. Kinders

140 MIN HARE

Sannie: "Mammie, hoekom het pappie so min hare?"

Sannie se ma: "Omdat hy so baie moet dink."

Sannie: "Nou hoekom het mammie so baie hare?"

Sannie se ma: "Sannie, dis nou tyd om bed toe te gaan."

141 BLADWISSELEND

By die kleuterskool vertel die onderwyseres die kinders van plante en seisoene en praat oor onderwerpe soos bladwisselende bome en immergroen plante.

Klein Sannie gaan kuier by haar oupa en ouma. Sy bekyk haar oupa se bles en vra dan: "Ouma, is oupa ook bladwisselend?"

142 ONTMOETING

Tienermeisie aan haar vriendin: "Dit is nogal vreemd hoe ek en hierdie ou ontmoet het."

"Hoe so?"

"Ons is aan mekaar voorgestel."

143   DOOIE VISSIE

Klein Sannie is besig om 'n gat toe te gooi in die tuin, toe haar buurman oor die heining loer.

"Wat doen jy daar, Saartjie?" vra die buurman vriendelik.

"My goudvissie is dood," antwoord sy met trane in haar oë, "en ek het hom nou net begrawe."

"Maar Sannie," vra die buurman, "dit is darem 'n baie groot gat wat jy daar gemaak het net vir 'n goudvissie?"

"Dis omdat hy in jou kat se maag is."

144   DEURKLOKKIE

Die man loop straat-af en sien 'n klein seuntjie wat probeer om 'n huis se voordeurklokkie te lui. Die seuntjie staan op sy tone om by te kom, maar hy is net te kort. Die seuntjie probeer herhaalde kere, maar hy kan net nie bykom nie.

Die man stap nader en sê: "Wag ek sal jou help."

Die man druk die klokkie en die seuntjie sê: "Baie dankie, omie, maar nou beter ons hardloop!"

145   WAARHEEN?

Sannie se ma het vir haar 'n lessie afgesteek oor Sannie se slegte speelmaatjies. Ten einde vra haar ma ernstig: "Sannie, waar gaan al die slegte klein dogtertjies heen?"

Sannie, met 'n skalkse glimlag: "Orals, ma!"

146   HULP BENODIG

Sannie: "As jy my probeer soen, gaan ek om hulp roep!"

Jannie: "Ek het nie hulp nodig nie."

147   VAKANSIEWERK

Pa: "Het jy toe werk gekry vir die skoolvakansie, Jannie?"

Jannie: "Ja, pa. Ek het werk gekry by 'n maatskappy wat paaie bou. Dit sal my op die strate hou!"

148   TOEGEMAAK

Willie: "Al die winkels het vir 'n dag lank toegemaak toe my oom dood is!"

Christo: "Ag, dis nog niks. Al die banke in die dorp het vir twee weke lank toegemaak nadat my pa verdwyn het!"

149   VARKHOK

Kosie se ma: "Sies, Kosie, jy moet jou skaam! Kyk hoe deurmekaar is jou kamer! Is jy miskien in 'n varkhok gebore?"

Kosie: "Wel, ma behoort te weet. Ma was mos ook daar!"

7.   Sport

150   SLEGTE POTJIE GHOLF

Koos gaan elke Saterdag gholf speel. Een Saterdag kom hy drie ure laat by die huis.

"Waar was jy al die tyd?" wil sy vrou weet.

"Dit was die slegste potjie gholf wat ek nog in my hele lewe gehad het," sê die uitgeputte Koos. "By die eerste bof slaan Piet 'n kolhou, en toe stort hy ineen met 'n hartaanval – morsdood."

"Dis verskriklik," sê Koos se vrou.

"Ja, dit is," sê Koos. "En toe, vir die res van die dag was dit net: slaan die bal, sleep vir Piet saam, slaan die bal, sleep vir Piet saam…"

151   TEEN DIE PLANKE

Magiel is besig met 'n groot boksgeveg teen die wêreld se swaargewigkampioen. In die derde rondte word Magiel platgeslaan en die skeidsregter begin tel.

"Moenie opstaan voor agt nie!" skree Magiel se afrigter vanuit Magiel se hoek.

"Hoe laat's dit nou?" vra Magiel.

152   KOLHOU

Koos: "Vrou, ek het nou net 'n kolhou geslaan!"

Martie: "Doen dit gou weer, ek het nie gekyk nie."

153   VREEMDE SPEL

Twee marsmannetjies land met hul ruimtetuig op 'n pad langs 'n gholfbaan. Baie nuuskierig kom kyk hulle wat daar aangaan en sien hoe 'n gholfspeler die bal in die ru-veld inslaan en hoe vreeslik hy sukkel om die bal weer daar uit te kry. Net daarna slaan die gholfspeler die bal in die sandput en weer eens is dit 'n groot stryd om die bal daar uit te kry. Uiteindelik beland die bal op die setperk en die man sink dit in die putjie.

Toe sê die een marsmannetjie vir die ander: "Kyk, nou het hy groot moeilikheid!"

154   SLEGTE VERLOORDER

"Dis waar, Susan, my man het my saam met hom laat gholfspeel vanoggend en het hom gewen."

"Hoe het hy dit hanteer?"

"Hy het dit soos 'n man gevat. Hy het gesê hy het nie eens probeer nie en hy het sedertdien nog nie 'n woord met my gepraat nie."

155   SWAK SKEIDSREGTER

Tydens 'n rugbywedstryd maak 'n vroulike toeskouer die hele tyd aanmerkings oor die skeidsregter en sy begin dreigemente uitskree. Maak nie saak wat op die veld gebeur nie, die vrou hou aan met skree: "Slaan die skeidsregter!"

Dit hou vir 'n halfuur so aan totdat 'n ander toeskouer vir haar sê: "Hoor hier, wat is jou probleem? Die skeidsregter het nog niks verkeerds gedoen nie."

"Hy's my man," sê die vroulike toeskouer. "Laasnag het hy huis toe gekom met lipstiffie op sy hempskraag. Slaan die skeidsregter!"

156   GRASSNYER

Buurman: "Gaan jy jou grassnyer vandag gebruik?"

Koos: "Ja, hoekom?"

Buurman: "Goed so, dan gaan jy nie omgee as ek jou gholfstokke leen nie!"

157   OOG OP DIE BAL

Gholf-instrukteur: "Ten eerste wil ek jou die belangrikste les in gholf leer: Hou altyd jou oog op die bal."

Beginner: "Ja, ek moet sê, party van die ouens wat hier gholf speel, lyk vir my ook nogal skelm."

158   LANG PAD

Bokser: "Dis nogal 'n groot afstand vanaf die aantrekkamers tot by die kryt."

Opponent: "Toemaar, jy hoef nie die hele ent pad terug te loop nie."

159   HAAR SPEL

Vroulike gholfspeler: "Hou jy van my spel?"

Joggie: "Dis nie sleg nie, maar ek verkies nog steeds gholf."

160   PARTYDIGHEID

Skeidsregter: "Dis 'n strafskop!"

Kaptein van een span: "Aan wie?"

Skeidsregter: "Aan ons!"

161   SETSTOK

Joggie: "Jy gaan tog nie die setstok gebruik nie, meneer? Dis nog 150 meter na die setperk toe!"

Gholfspeler: "Wie dink jy is jy? My joggie of my landmeter?"

162   HUWELIKSPROBLEEM (1)

Koos: "My vrou sê as ek nie ophou gholf speel nie, gaan sy my los."

Jan: "Sjoe, dis darem maar erg."

Koos: "Ja, ek gaan haar baie mis."

163   HUWELIKSPROBLEEM (2)

Gert en sy vrou Sarie speel gereeld gholf saam. Eendag, op die tweede bof sê Gert: "Sarie, daar is iets wat ek jou moet vertel. Dit hinder my nou al baie lank. Twee jaar na ons getroud is, het ek jou een aand met 'n ander vrou verkul."

Anders as wat Gert verwag het, is Sarie baie vergewensgesind en gou is hulle weer aan die speel. Op die sewentiende bof sê Sarie: "Gert, daar is iets wat ek jou ook moet vertel. Dit hinder my ook al baie lank. Ek is gebore as 'n man, en voor jy my leer ken het, het ek 'n geslagsverandering ondergaan na 'n vrou."

Gert begin te skree en vloek, pluk sy gholfstokke uit die gholfsak en gooi hulle op die grond neer. Daarna skop hy die gholfsak onderstebo. Hy staan 'n oomblik stil, en dan sê hy: "En nou wil jy vir my vertel jy het al die jare wat ons saam gholf gespeel het, gekul. Jy het nog elke keer van die dames-bof afgeslaan!"

8.   Restaurant

164   VOORBEREIDING

Klant in restaurant: "Sê my, kelner, hoe berei julle die hoender voor?"

Kelner: "Nee, meneer, daar is g'n voorbereiding nodig nie. Ons bekruip die hoender sommer van agter en voor hy weet, is sy nek omgedraai!"

165   VARS KREEF

Piet bestel kreef in 'n restaurant in Pretoria. Toe die bestelling uiteindelik daar aankom roep hy die kelner.

"Kelner, my kreef is nie vars nie!" kla Piet.

"Maar meneer," sê die kelner, "die krewe het net gister van die Kaap af gekom!"

"Ja," antwoord Piet, "hulle het seker hiernatoe geloop, nè!"

166   SLAKKE

'n Man en sy vroulike metgesel kom die restaurant binne en die man vra aan 'n kelner: "Bedien julle slakke hier?"

Die kelner antwoord: "Ons bedien enige iemand, meneer!"

167 EIERS

Kieskeurige man in restaurant: "Twee eiers asseblief. Moet hulle nie 'n sekonde langer bak nadat die wit gaar is nie. Draai hulle een maal om. Ek soek nie te veel olie in die pan nie. Slegs 'n vingerpuntjie sout en geen peper nie... Wel, kelner, waarvoor wag jy?"

Kelner: "Die hen se naam is Bettie. Is dit goed so, meneer?"

168 AFBEEN HOENDER

Koos, in restaurant: "Kelner, waarom het hierdie hoender net een been?"

Kelner: "Dit was in 'n geveg betrokke, meneer."

Koos: "Vat hierdie hoender weg en bring vir my die wenner."

169 DUIM

"Kelner, jou duim is op my vleis."

"Ek weet, meneer, maar ek is bang dit val weer op die grond."

170 MAANRESTAURANT

Koos: "Het jy van die nuwe restaurant op die maan gehoor?"

Jan: "Nee, wat daarvan?"

Koos: "Baie goeie kos, maar geen atmosfeer nie!"

171 SLEGTE SOUS

Pieter: "Kelner, hierdie sous proe na skottelgoedseep!"

Kelner: "Ja, meneer, maar dit gaan goed af saam met die doekpoeding!"

172 KLEIN KLEINGELD

Die filmster gee 'n R200-noot aan die kelner en sê: "Bring vir my 'n glas whisky en kry iets vir jouself." Die kelner is daar weg en kom terug met die whisky en een rand kleingeld.

"Wat is jou idee?" vra die filmster. "Ek gee jou R200 en jy kom terug met net R1 kleingeld."

"Jy het mos gesê ek moet iets vir myself kry."

"Nou wat het jy dan gekry?"

"'n Nuwe horlosie."

173   KLEIN PORSIE

Henk: "Kelner, ek wil weet wat hier aangaan! Verlede week toe ek in julle restaurant was, het ek dieselfde *steak* op die spyskaart bestel, en vandag is die porsie *steak* die helfte van die grootte wat dit verlede week was."

"Waar het meneer verlede week gesit?" wil die kelner weet.

"Wat het dit in elk geval hiermee te doen? Ek het by die venster gesit."

"In daardie geval," glimlag die kelner, "is die antwoord voor-die-hand-liggend. Ons gee altyd groter porsies aan klante wat by die venster sit. Dit is 'n goeie advertensie vir ons restaurant."

174   BOONTJIESLAAI

"Kelner, wat is hierdie?"

"Dis boontjieslaai, meneer."

"Ja, ek weet wat dit was. Maar wat is dit nou?"

175   KELNER, DAAR'S 'n VLIEG IN MY SOP (1)

"Kelner, wat doen hierdie vlieg in my sop?"

"Hmm, dit lyk of hy besig is om die rugslag doen, meneer."

176   KELNER, DAAR'S 'n VLIEG IN MY SOP (2)

"Kelner, daar's 'n vlieg in my sop!"

"Sjjt, meneer. Nou-nou wil almal een hê."

177   KELNER, DAAR'S 'n VLIEG IN MY SOP (3)

"Kelner, daar's 'n vlieg in my sop!"

"Toemaar, meneer. Dit kos niks ekstra nie."

178   KELNER, DAAR'S 'n VLIEG IN MY SOP (4)

"Kelner, daar's 'n vlieg in my sop!"

"Toemaar, meneer. Die spinnekop op die brood sal hom wel kry."

179   KELNER, DAAR'S 'n VLIEG IN MY SOP (5)

"Kelner, daar's 'n vlieg in my sop!"

"Nee, meneer. Dis 'n kakkerlak. Die vlieg sit op die vleis."

180   KELNER, DAAR'S 'n VLIEG IN MY SOP (6)

"Kelner, wat is hier in my sop?"

"Ek weet nie, meneer. Ek ken nie die verskillende soorte goggas uitmekaar nie."

181   SLEGTE KOS

"Kelner, bring vir my 'n gebakte eier met vingermerke op, koue, olierige aartappelskyfies en 'n taai stuk vleis."

"Meneer, ons bedien nie sulke kos hier nie!"

"Wel, julle het gister..."

182   SPYSKAART

"Kelner, is daar sop op die spyskaart?"

"Nee, meneer, ek vee die spyskaart elke oggend mooi skoon."

183   SNAAKS

"Kelner, hierdie sop proe snaaks!"

"Nou hoekom lag meneer dan nie?"

9. Dobbel

---

184 ONGELUKKIGE DOBBELAAR

Een dobbelaar aan 'n ander: "Hoe kry jy dit reg om elke keer te wen as jy kaartspeel, maar as jy die perde speel, het jy geen geluk nie?"

"Ek kry nie kans om die perde te skommel nie."

185 GELUKKIGE NOMMER

Koos word die oggend wakker en sien op sy wekker dat dit presies sewe minute oor sewe is. Hy staan op en sien op die kalender dat dit die sewende dag van die sewende maand van 1977 is. Hy kyk by die venster uit en sien 'n motor verbyry met die registrasienommer van 777.

"Sannie," sê Koos vir sy vrou. "Bel my werk en sê ek is vandag siek, ek gaan nie kom werk nie."

"Nou wat gaan jy maak, Koos?"

"Ek het net vandag besef dat dit my gelukkige dag met die syfer 7 is. Vandag gaan ek na die perdewedrenne en ek gaan al my geld op perd nommer 7 in die sewende wedren wed."

Voordat sy vrou kan keer, is Koos daar weg na die perdewedrenne toe. Later die middag kom hy baie mismoedig tuis.

"Wat het gebeur, Koos? Het jou perd toe nie gewen nie?"

"Nee, my perd het sewende gekom."

186   KLEIN DOBBELAAR

Die onderwyseres wou hê dat die kinders hulle spelling moet oefen. Sy gee vir die kinders 'n huiswerkopdrag vir die volgende dag om iets oor hulle pa se beroep vir die res van die klas te kom vertel. Dan moet hulle sommer ook hulle pa se beroep vir die klas spel.

Die volgende dag is Sannie eerste aan die beurt. "My pa is 'n bakker, b-a-k-k-e-r, en as hy hier was, het julle elkeen 'n koekie gekry."

Volgende is Piet: "My pa is 'n bankier, b-a-n-k-i-e-r, en as hy hier was, het julle elkeen 'n rand gekry."

Jannie is volgende aan die beurt, maar hy het vergeet om vir die opdrag voor te berei. Hy weet darem wat sy pa se beroep is en hy probeer: "My pa is 'n elektrisiën." Hy kan dit egter nie spel nie, en na 'n paar mislukte probeerslae, vra die onderwyseres dat Jannie maar moet sit en weer daaroor dink, dan sal sy hom later weer geleentheid gee om te probeer.

Kosie is volgende aan die beurt: "My pa is 'n *bookie*, b-o-o-k-i-e, en as hy hier was, sou hy julle 8 teen 5 gee dat Jannie nooit elektrisiën sal kan spel nie."

187   BEDELAAR

Die bedelaar vra 'n verbyganger vir R10.

Man: "Gaan jy drank koop met die geld?"

Bedelaar: "Nee, meneer."

Man: "Gaan jy die geld uitdobbel?"

Bedelaar: "Nee, meneer."

Man: "Nou goed, ek sal jou R10 gee as jy saam met my huis toe kom sodat my vrou kan sien wat word van 'n man wat nie drink of dobbel nie."

188   POKER

Die dokter antwoord sy telefoon een aand by sy huis en hoor die bekende stem van 'n kollega aan die ander kant.

"Ons het 'n vierde persoon nodig vir Poker vanaand by Gert se huis. Kan jy kom?"

"O, ja, ek is nou daar."

Toe hy sy wit doktersjas aantrek, vra sy vrou: "Is dit ernstig?"

"Ja, baie ernstig," sê die dokter met 'n baie stroewe gesigsuitdrukking. "Daar is alreeds drie ander dokters op die toneel."

10. Kroegvlieë

189 FOTO

Koos sit in die kroeg en bestel 'n drankie, drink hom klaar en bestel nog een. Na die derde een kyk hy elke keer in sy hempsak voor hy nog een bestel. Die kroegman wonder later wat is Koos se storie en besluit om hom te vra.

"Hoekom kyk jy elke keer in jou hemp se sak voor jy nog 'n dop bestel?"

"Ek het 'n foto van my vrou hier in," antwoord Koos, "en sodra sy vir my begin mooi lyk, weet ek het nou genoeg gedrink!"

190 PIKKEWYN

Koos kom uitasem by die kroeg ingehardloop en staan voor die toonbank. "Skink vir my 'n dubbel asseblief," vra Koos aan die kroegman. Koos sluk sy dubbel met een teug weg en vra aan die kroegman "Hoe hoog staan 'n pikkewyn?"

"Ek is nie baie seker nie," antwoord die kroegman.

"Skink vir my nog 'n dubbel," sê Koos. Koos sluk hierdie dubbel ook met een teug weg. "Kan 'n pikkewyn so hoog staan?" vra Koos en wys met sy hand so 20 sentimeter van die vloer af.

"Ja, ek is seker dit kan," antwoord die kroegman, maar dan is dit seker 'n baie klein pikkewyntjie.

"Skink vir my nog 'n dubbel," sê Koos. Koos sluk hierdie dubbel ook met een teug weg. "Kan 'n pikkewyn so hoog staan?" vra Koos en wys met sy hand so 40 sentimeter van die vloer af.

"Ja, maklik," antwoord die kroegman.

"Skink vir my nog 'n dubbel," sê Koos. Koos sluk hierdie dubbel ook met een teug weg. "Kan 'n pikkewyn so hoog staan?" vra Koos en wys met sy hand so 60 sentimeter van die vloer af.

"Ja, miskien," antwoord die kroegman.

"Skink vir my nog 'n dubbel," sê Koos. Koos sluk hierdie dubbel ook met een teug weg. "Kan 'n pikkewyn so hoog staan?" vra Koos en wys met sy hand so 160 sentimeter van die vloer af.

"Nee," antwoord die kroegman, "ek glo darem nie mens kry sulke groot pikkewyne nie."

Toe sê Koos: "Dan het ek nou net 'n non hier buite in die straat raakgery!"

191   Vlieë

Dis 'n baie warm dag en die kroegman sukkel om die vlieë van die toonbank af weg te hou. Ou Sarel, die dronklap kom ingeloop en bedel 'n dop op rekening. Die kroegman wil nie eintlik iets aan hom op rekening verkoop nie, want Sarel is maar traag om sy skuld te betaal.

"Ek sê jou wat," stel die kroegman voor. "Ek gee jou 'n dop op rekening as jy al hierdie vlieë vir my kan doodmaak."

"Reg so," stem Sarel in. "Gee solank vir my 'n dubbel whisky vir krag."

Die kroegman skink Sarel se dop en Sarel sluk dit met 'n paar teue weg. Toe rol Sarel sy hempsmoue op en stap uit die kroeg uit. Hy loer by die deur in en roep: "Goed, stuur daai vlieë vir my buitentoe: een-vir-een!"

192   Dominee

Dominee: "Pieter, skaam vir jou! Hier kom jy nou al weer uit die kroeg uit!"

Pieter: "Ja, dominee, maar jy verwag tog nie dat ek vir ewig daar moet bly nie."

193   STERK LUGSTROME

Koos gaan vakansie hou in Amerika. Onder andere bring hy 'n besoek aan die hoë Empire State gebou in New York. Nadat hy alles gesien het, gaan drink hy 'n dop by 'n kroeg op die boonste verdieping. 'n Amerikaner kom sit langs Koos en die twee raak aan die gesels en aan die drink. Hulle begin gesels oor die hoë geboue in Amerika en die Amerikaner vra of Koos weet van die sterk lugstrome wat teenaan hierdie geboue voorkom.

"Nee," antwoord Koos, "vertel my meer!"

"Jy sien," sê die Amerikaner, "hierdie lugstrome is so sterk, dat as 'n mens van die gebou af spring, die lugstroom jou sal opskep en terugvoer vanwaar jy gespring het."

"Nooit," sê Koos verbaas, "jy trek nou my been!"

"Kom ons vat 'n weddenskap," stel die Amerikaner voor. "Jy gee my 100 dollar as ek hier afspring en weer veilig terugland."

"Dis reg so," sê Koos, ook nie meer nugter nie.

Hulle gaan uit na die balkon en die Amerikaner spring af. Hy val al verder en verder en hy word al hoe kleiner van daar bo af. Koos is seker dat die man hom te pletter gaan val. Net toe hy amper teen die grond is en Koos hom skaars meer kan sien, vlieg hy skielik sywaarts en toe opwaarts en uiteindelik land hy weer langs Koos. Koos kan sy oë nie glo nie en betaal die 100 dollar aan die Amerikaner.

"Jy kan jou 100 dollar terugwen, en ek sal jou 'n verdere 1000 dollar gee as jy dit ook kan doen," wed die Amerikaner.

Koos dink dat 1000 dollar nie te versmaai is nie, en in elk geval werk die lugstrome soos die Amerikaner gesê het en self bewys het. Koos sê dis reg so, en hy spring ook bo van die gebou af. Hy val al verder en verder en hy word al hoe kleiner en kleiner van daar bo af. Uiteindelik val hy hom te pletter teen die grond, morsdood.

Die Amerikaner stap terug in die kroeg in en bestel weer 'n drankie. Die kroegman kyk hom kopskuddend aan en sê: "Jy kan 'n regte vark wees as jy getrek is, Superman!"

194   PAPEGAAI

Die bejaarde oujongnooi word desperaat vir manlike geselskap. Sy trek haar mooiste rok aan, sit baie grimering aan, sit haar papegaai op haar skouer en gaan kroeg toe. In die kroeg drink sy 'n drankie en roep toe uit: "Die man wat kan raai wat ek hier op my skouer het, kan my op 'n *date* vat!"

Koos, wat al 'n hele paar drankies agter die blad het, sê sarkasties: "Disj 'n krokodil!"

"Dis naby genoeg!" sê die oujongnooi. "Kom ons gaan!"

195   TROU

Twee manne sit in die kroeg en kuier.

Willem: "Ek haat dit om huis toe te gaan. Ek haal elke aand dieselfde smaaklose kos uit die vrieskas, ek moet self die skottelgoed was, met die hond gaan stap, en dan alleen bed toe gaan!"

Sarel: "Hoekom soek jy nie vir jou 'n oulike meisie, en trou nie?" Willem: "Ek IS getroud!"

11. Studeer

196   ONNOSEL

Die professor kom in sy klas, groet hulle en gaan staan voor die klas.

"Sal enigeen wat dink dat hy of sy onnosel is, asseblief opstaan," sê die professor aan sy klas.

Na 'n minuut of twee se stilte staan daar toe uiteindelik 'n jong man agter in die klas op.

"So, meneer van den Berg," sê die professor. "Jy dink nou eintlik jy is onnosel?"

"Nee professor, ek het jou net jammer gekry. Ek wou nie hê jy moet so alleen staan nie."

197   AANTREKLIKE PROFESSORS

Gedurende 'n fakulteitsvergadering by die universiteit verklaar die een spreker: "Ek het goeie nuus en ek het slegte nuus. Die goeie nuus is dat 'n meningspeiling op die kampus aangetoon het dat vroulike studente middeljarige professore baie aantreklik vind."

"En wat is die slegte nuus?" vra iemand.

"Die slegte nuus is dat vroulike studente dink middeljarig is vyf en twintig."

198   Bietjie Kennis

"Ken jy die gesegde dat 'n bietjie kennis 'n baie gevaarlike ding kan wees?" vra die Professor aan die een blondine in sy klas.

"Ja, professor, ek het al daarvan gehoor."

"Nou ja," sê die professor, "op hierde stadium van jou studieloopbaan is jy 'n potensiële gevaar vir die hele mensdom."

199   Pryse

Die Ekonomie-professor verduidelik aan die klas watter belangrike rol die produk se prys speel in aanvraag.

"Kom ons neem 'n voorbeeld," sê hy. "Sê nou maar 'n huisvrou gaan inkopies doen en sy soek tamatiesous. Die een bottel kos R8,80 en die ander handelsmerk kos R9,10. Watter een sal sy koop?"

'n Stem agter uit die klas sê: "Die een wat haar kinders nie van hou nie."

200   Kleure

Die Sielkunde-professor probeer aan die studente verduidelik watter invloed verskillende kleure op 'n mens se lewe het. Hy wil met 'n voorbeeld aandui hoekom sekere mense sekere kleure verkies met hulle kleredrag.

"Meneer Botha," vra die professor, "Waarom het jy daardie spesifieke hemp vandag aangetrek?"

"Dit was al hemp wat skoon was, prof."

201   Geskiedenis

Pieter: "Professor, ek is jammer ek kan nie my werksopdrag vandag inhandig nie. Ek het die naweek by my meisie gekuier en het vergeet daarvan.

Professor: "Wat is nou belangriker vir jou: geskiedenis of jou meisie?"

Pieter: "As ek nie my meisie besoek nie, dan is sy geskiedenis."

202 SWAK UITSLAE

Dina het nie goed gedoen in haar eksamen nie en sy verwag gemiddelde uitslae. Sy wil nie hê haar ouers moet daarvan weet nie en sy bel haar pa en sê: "Pa, as my uitslae by die huis aankom in die pos, en daar is 'n letter op, dan is dit net my voorletter."

Dina gaan kuier toe die vakansie by die huis. "Hallo, Frederika," groet Dina se pa toe hy haar sien.

203 BEDELAAR

Koos stap elke dag verby 'n bedelaar en gee hom R10. So gaan dit aan vir 'n jaar, maar skielik verander die daaglikse donasie na R7,50. Nog 'n jaar gaan verby, en daarna krimp Koos se daaglikse donasie skielik tot R5.

"Vertel my nou eers wat aangaan?" vra die bedelaar aan Koos.

"Eers gee jy my R10 elke dag, daarna R7,50, en nou net R5. Wat is die storie?"

"Wel," antwoord Koos, "verlede jaar het my oudste seun universiteit toe gegaan. Dit kos baie geld, so ek moes my uitgawes sny. Hierdie jaar is my oudste dogter weer universiteit toe, en ek moes my uitgawes dus nog meer sny."

"En hoeveel kinders het jy?" vra die bedelaar.

"Vier."

"Wel," sê die bedelaar, "ek hoop nie jy is van plan om hulle almal op my onkoste te laat leer nie!"

204 STERRE

Prof. Kobus en prof. Peet gaan kampeer êrens in Suid-Afrika. Hulle slaan hul tent op en gaan slaap. Kort na middernag word prof. Kobus wakker en maak ook vir prof. Peet wakker.

"Peet," sê prof. Kobus, "kyk op na die sterre en sê vir my wat sien jy."

"Ek sien 'n miljoen sterre," sê prof. Peet filosofies, "en om elkeen van daardie sterre wentel 'n paar mane of ander planete. Dis waarskynlik dat 'n hele paar van daardie planete dieselfde toestande ondervind as die aarde, en dus is dit moontlik dat sommige van hulle deur lewende wesens bewoon word."

Prof. Kobus sit regop en sug: "Peet, jou pampoenkop, ons tent is gesteel!"

205 Padda-les

Verstrooide professor aan klas: "Ek gaan nou aan julle die ingewande van 'n padda wys." Hy grawe in sy baadjiesak en sy hand kom te voorskyn met 'n plastieksakkie vol toebroodjies. Die professor krap ingedagte sy kop en sê: "Ek is dan seker ek het 'n uur gelede my middagete gehad."

206 Huisvesting

Huisbaas: "Ja, jy kan een slaapkamer en die gebruik van die kombuis en die badkamer kry teen R3000,00 per maand."

Student: "En waar is die stal?"

Huisbaas: "Watter stal?"

Student: "Vir die esel wat daardie prys betaal!"

207 Versnipperde Papiere

Skoonmaker: "Het jy hierdie papiere nog nodig, prof? Of kan ek dit maar laat versnipper?"

Verstrooide prof: "Miskien sal ek dit later nodig kry, maar vir eers kan jy dit maar versnipper."

208 Antwoordstel

Die toesighoudende professor verduidelik aan die studente wat eksamen skryf dat hulle onmiddellik moet ophou skryf en hulle antwoordstelle inhandig as die tyd verstreke is. Dié wat dit nie doen nie, sal nul vir die eksamen kry.

Nadat die professor aangekondig het dat die tyd verstreke is en hy begin om die antwoordstelle in te neem, kom hy by 'n student wat nog steeds vervaard sit en skryf.

"Ek is jammer meneer, maar jy gaan nul kry vir die eksamen," sê die professor streng.

Die student sit sy pen neer en vra: "Weet u wie ek is professor?"

"Nee," antwoord die professor geïrriteerd, "en ek gee ook nie om of jy die president se seun is nie – jy gaan nog steeds nul kry vir hierdie vraestel!"

"Baie goed so!" sê die student verlig en met 'n blitsige beweging druk hy sy antwoordstel binne-in die hoop antwoordstelle wat die professor by hom het en hardloop by die lokaal uit.

12. Boerdery en Plaaslewe

209 KUIKENS

'n Boer stuur vir sy nefie 'n krat vol kuikens, maar die krat breek oop net toe die kind die kuikens wou uithaal. Daardie aand bel hy sy oom.

"Die kuikens het almal weggehardloop in die buurman se erf in," sê die kind. "Ek is toe agterna en ek het toe darem vyftien van hulle teruggekry."

"Dan het jy baie goed gedoen," sê die oom. "Ek het net nege kuikens vir jou gestuur."

210 BOER IN TJOEKIE

Die boer word tronk toe gestuur vir 'n misdaad en sy vrou probeer die boerdery aan die gang hou. Sy sukkel maar baie op die plaas en uiteindelik skryf sy in 'n brief aan hom: "My liefste man, ek wil aartappels plant. Wanneer is die beste tyd om dit te doen?"

Die boer skryf terug: "Liefling, moet net nie naby daardie land anderkant die rivier gaan nie. Dis waar ek al my diamante begrawe het."

Alle gevangenes in daardie tronk se pos word egter gesensor en toe die bewaarder dít lees, stel hy die polisie in kennis. Die polisie gaan vir twee dae na die boer se plaas toe en dolwe die hele land anderkant die rivier om, maar kan geen versteekte diamante vind nie.

Toe skryf die boer weer aan sy vrou: "Liefling, jy kan nou maar die aartappels gaan plant."

211 VEEARTS

'n Boer stuur sy seun om te gaan leer vir veearts. Die seun het nie baie aandag aan sy studies gegee nie, maar sy pa was onder die indruk dat alles goed afloop. Uiteindelik het die universiteit die seun versoek om maar te gaan. Die seun gaan toe terug plaas toe en vertel aan sy pa dat hy pas gekwalifiseer het as veearts.

Dieselfde dag word 'n koei siek en die Pa is baie bly dat sy seun, die veearts, daar is om na die dier om te sien. Die seun het natuurlik geen idee wat om te doen nie en improviseer maar.

"Pa, maak oop sy bek en kyk binne-in," sê die seun. Die pa doen soos sy seun versoek. Die seun gaan staan agter die koei en lig haar stert op. "Kan pa my sien?" vra hy.

"Nee," antwoord sy pa.

"Nou-ja, dan het die koei knoop-in-die-derm."

212 OUJONGNOOI

Oujongnooi by hoenderboer: "Ek soek 10 henne en 10 hane, asseblief."

Boer: "Maar een haan is genoeg vir die 10 henne."

Oujongnooi: "Bly stil, ek weet wat dit is om afgeskeep te word."

213 BEES SE OUDERDOM

Stadsjapie: "Hoe oud is daardie koei?"

Boerseun: "Twee jaar."

Stadsjapie: "Hoe weet jy dit?"

Boerseun: "Ek kyk net na haar horings."

Stadsjapie: "O, maar dan is al julle beeste twee jaar oud!"

Boerseun: "Hoe so?"

Stadsjapie: "Hulle het dan almal twee horings!"

214   MALKOEI-SIEKTE

Twee koeie staan en gesels in die veld.

Eerste koei: "Het jy gehoor van die malkoei-siekte wat in omloop is?"

Tweede koei: "Ja, en daarom is ek baie bly dat ek 'n pikkewyn is."

215   HOENDERBOERDERY

Die stadsjapie besluit hy is moeg vir die stad en wil gaan boer. Hy koop 'n klein plasie op die platteland, maar het geen kennis of ondervinding van boerdery nie. Hy gaan kuier by sy buurman en sien dat sy buurman met kuikens boer. Die stadsjapie dink dat dit 'n goeie idee is en hy koop 100 kuikens by sy buurman.

'n Paar dae later kom die buurman vir die stadsjapie kuier. "Hoe gaan dit met die kuikens?" vra hy.

"Hulle is almal dood," antwoord die stadsjapie.

"Nou wat het gebeur?"

"Ek dink ek het hulle te naby aan mekaar geplant."

13.　Die Dom Boksers

Die bekende dom bokser grappies is oral gewild. Maar omdat hulle gewoonlik gebaseer is op bekende oud-boksers, sal ons die helde van hierdie grappies se name eerder verander. Kom ons noem hulle Gert, Magiel en Karel.

216　DIE SLAGHUIS

Karel en Magiel begin 'n slaghuis. Uiteindelik is die slaghuis voltooi en het hulle 'n goeie voorraad vleis om te verkoop. Omdat nie een van hulle twee enige ondervinding het om 'n slaghuis te bedryf nie, stel Karel voor dat hulle eers 'n bietjie oefen voor hulle die deure vir klante oopmaak.

"Gaan jy buitentoe," sê Karel, "maak of jy 'n klant is, en kom dan in en vra vir iets wat jy wil koop." Magiel gaan uit, Karel skuif agter die toonbank in, en Magiel stap die slaghuis binne.

"Goeiemôre meneer," groet Karel, "kan ons help?"

"Ja, ek soek 'n pie en 'n Coke," sê Magiel.

"Nee, Magiel", sê Karel, "dis 'n slaghuis hierdie. Ons verkoop net vleis. Kom staan jy nou agter die toonbank, dan sal ek maak of ek 'n klant is."

Magiel gaan staan agter die toonbank en Karel gaan uit die slaghuis en kom weer in.

"Goeiemôre meneer," groet Magiel, "kan ons help?"

"Ja, asseblief," antwoord Karel. "Ek soek 'n kilogram boerewors en 'n kilogram skaaptjops."

Toe vra Magiel: "En waar's jou *empties*?"

217 HOENDERHAAN

'n Motoris ry Magiel se hoenderhaan dood en klop aan Magiel se deur.

Motoris: "Baie jammer meneer, ek het nou net jou hoenderhaan doodgery. Ek sal hom vervang."

Magiel: "Goed, so. Jy is môre-oggend om drie uur aan diens."

218 VISLYN

Magiel en Karel is besig om 'n vislyn af te rol. Die een punt het hulle al gehad, maar hulle was besig om die ander punt te soek. Na 'n lang ruk se gesoek sonder om die tweede punt te kry, sê Magiel: "Ag nee wat, kom ons los dit, ons sal dit nooit kry nie – iemand het dit afgesny."

219 APPELKOOSPITTE

Magiel kom kuier by Karel, en Magiel sien dat Karel iets uit 'n sakkie eet. "Karel, wat eet jy daar?" vra Magiel.

"Dis appelkoospitte," antwoord Karel. "Dit maak 'n mens nogal baie slim."

Dit klink vir Magiel na 'n goeie idee, want hy het self nie voor in die tou gestaan toe intelligensie uitgedeel is nie. "Karel," vra hy, "wil jy nie miskien 'n paar van daardie pitte aan my verkoop nie?"

"Natuurlik, Magiel," antwoord Karel inskiklik. "Jy moet net weet dis duur pitte hierdie."

"Nou hoeveel kos dit, Karel?"

"Dis vyf rand 'n pit."

Magiel besluit dit mag die moeite werd wees en R150 later het hy ook 'n sakkie vol pitte. Maar terwyl hy sy duur pitte so sit en kou begin hy wonder oor die transaksie. Drie rand per pit is nogal baie, en vir al die geld wat hy vir 'n handvol pitte betaal het kon hy eintlik 'n paar kilogram appelkose gekoop het. En dan het hy sommer ook nog die pitte verniet saam gekry.

"Karel," sê Magiel, baie vies. "Jy het my mos nou verneuk!"

"Sien jy, dit werk," paai Karel. "Net drie pitte en jy is sommer al klaar slimmer."

220 LORRIEDRYWERS

Karel en Magiel kry werk as drywers vir 'n groot vervoerfirma, en met hulle eerste groot kontrak kom hulle voor 'n probleem te staan. 'n Bordjie voor 'n brug sê: 'Maksimum hoogte 2 meter', en hulle vragmotor is twee en 'n half meter hoog.

"En nou, Magiel?" vra Karel. "Wat doen ons nou?"

Magiel kyk rond en sê: "Ag, dis maklik. Ek sal die lorrie deurvat, kyk jy net of die *spietkops* ons nie sien nie."

221 DOOIE HOENDER

'n Man ry langs Magiel se plot verby en ry een van Magiel se hoenders dood wat voor die motor in oor die pad hardloop. Die man klim uit, tel die hoender op en gaan klop aan Magiel se deur.

"Jammer meneer," sê die man toe Magiel die deur oopmaak, "maar ek het per ongeluk jou hoender doodgery."

Magiel kyk na die hoender in die man se hande en sê: "Nee, dis nie my hoender hierdie nie. My hoenders is nie so plat nie."

222 DIE KOMPETISIE

Magiel, Karel en Gert neem aan 'n vasvra-kompetisie op televisie deel. Elkeen word afsonderlik ondervra en kan nie hoor wat die ander een se antwoorde is nie. Magiel is eerste aan die beurt.

"Magiel," vra die aanbieder, "vir R1 000, kan jy vir ons die volgende sin voltooi: 'Old MacDonald had a...'?"

"Nee, ek weet nie," antwoord Magiel, "hou verby."

"Jammer, Magiel, maar jy kan nie voortgaan nie. Jy is uitgeskakel."

Volgende kom Karel aan die beurt.

"Karel," vra die aanbieder, "vir R1 000, kan jy vir ons die volgende sin voltooi: 'Old MacDonald had a...' ?"

"Hmm, laat ek net 'n bietjie dink hieroor," sê Karel en peins 'n paar sekondes. "Ja, ek weet! Die antwoord is *'farm'!*"

"Dis reg!" gil die aanbieder opgewonde. "Baie goed. Jy is nou R1 000 ryker! Nou vir die volgende vraag. Vir 'n verdere R10 000, kan jy die word *'farm'* vir ons spel?"

"Hmm, laat ek net 'n bietjie dink hieroor," sê Karel en peins 'n paar sekondes. "Nee, ek kan nie, hou verby."

"Jammer, Karel, maar jy kan nie voortgaan nie. Jy is uitgeskakel."

Volgende kom Gert aan die beurt.

"Gert," vra die aanbieder, "vir R1 000, kan jy vir ons die volgende sin voltooi: *'Old MacDonald had a...'* ?"

"Ag, dis maklik," sê Gert. "Die antwoord is *'farm'!*"

"Dis reg!" gil die aanbieder. "Baie goed. Jy is R1 000 ryker! Nou vir die volgende vraag. Vir 'n verdere R10 000, kan jy die word *'farm'* vir ons spel?"

"Hmm, laat ek net 'n bietjie dink hieroor," sê Gert en peins 'n paar sekondes. "Ja, ek weet! Die antwoord is *'Ie-aai-ie-aai-ou'!*"

223   VISVANG

Magiel en Karel gaan saam met vakansie see toe. Die eerste dag huur hulle 'n roeiboot en gaan op die see uit om vis te vang. Hulle vang egter geen vis nie. Die tweede dag gaan hulle weer op die see uit en hierdie keer tref hulle 'n groot geluk en hulle vang 'n boot vol vis.

Teen laatmiddag sê Karel: "Magiel, dit word laat, ons moet huis toe gaan."

"Ons moet môre weer op dieselfde plek kom visvang," sê Magiel. "Hier is baie vis!"

"Ons sal die plek moet merk," stel Karel voor.

"Maar hoe gaan ons dit doen?"

"Ek weet," sê Karel. "Ek sal 'n kruisie met my mes teen die kant van die boot uitkerf."

224   DIE TONNEL

Die regering besluit om 'n tonnel deur Tafelberg te bou en vra tenders vir die projek aan. Magiel en Karel besluit om ook 'n tender in te sit. Al die tenders beloop biljoene rand, maar Magiel en Karel se firma vra net R10 000 om die tonnel te bou.

Die voorsitter van die tenderraad laat kom vir Magiel om voor die tenderraad te verskyn.

"As 'n mens al die materiaal-, konstruksie- en arbeidskostes in ag neem, hoe gaan julle dit regkry om die tonnel vir net R10 000 te bou?" vra die voorsitter.

"Dis maklik," antwoord Magiel. "Ek gryp 'n graaf en begin aan die een kant van die berg te grawe. My vennoot, Karel, begin aan die ander kant van die berg te grawe. Ons grawe tot ons bymekaar uitkom – en dan het julle 'n tonnel!"

"En wat gebeur as julle mekaar mis daar binne in die berg?" vra die voorsitter, wat sukkel om sy lag in bedwang te hou.

"Dan kry julle twee tonnels vir die prys van een."

225   VLIEGKUNS

Magiel en sy vrou gaan na 'n lugskou toe. Die vliegtuie betower hom en hy vra 'n vlieënier hoeveel dit sal kos om hom en sy vrou vir 'n rit te vat.

"R300 vir tien minute vir die twee van julle," antwoord die vlieënier.

"Nee, jong, dis darem te duur," sê Magiel.

"Ek sal jou 'n aanbod maak," se die vlieënier. "As jy en jou vrou tydens die hele rit nie 'n enkele geluid maak nie, kan julle verniet vlieg. As julle egter 'n geluid maak, moet jy my die R300 betaal."

Magiel stem in tot die aanbod en hy en sy vrou klim in die vliegtuig. Die vlieënier haal elke toertjie uit wat hy ken, maar sy passasiers is tjoepstil.

Nadat hulle geland het, sê die vlieënier aan Magiel: "Ek moet julle gelukwens. Julle was baie dapper."

"Wel," sê Magiel, "ek het amper iets gesê toe my vrou uitgeval het."

226   DIE JAGTOG

Magiel en Karel gaan jag. Hulle word per vliegtuig na 'n afgeleë deel van Namibië geneem, en hulle kom met die loods ooreen dat hy weer oor 'n week sal terugkom met die vliegtuig om hulle te kom haal. Dit gaan goed en Magiel en Karel skiet vyf koedoes tussen die twee van hulle.

'n Week later is die vliegtuig weer daar, en die loods bekyk die vyf koedoes baie wantrouig. "Die vliegtuig kan nie vyf koedoes hou nie," sê die loods. "Dit gaan te swaar wees."

"Nee, dit kan," antwoord Magiel, "Laasjaar het ons ses koedoes op die vliegtuig gelaai."

Die loods stem onwillig in en die vyf koedoes word met groot gesukkel gelaai. Toe hulle egter probeer opstyg, lig die vliegtuig nie meer as 'n meter of twee van die grond af nie, en uiteindelik val dit in stukke in die eerste ry bome. Wonderbaarlik kruip Magiel, Karel en die loods lewendig uit die wrak.

"Weet jy waar ons is?" vra Karel aan Magiel.

"Ja," antwoord Magiel, "Dis amper 500 meter verder vanwaar ons laasjaar geval het."

227   TREINWAENS

Magiel en Karel staan op die perron. "Het jy geweet dat die laaste wa aan 'n trein altyd die gevaarlikste is?" vra Magiel.

"Nee, hoekom?" wil Karel weet.

"Dis altyd die een wat eerste by 'n afgrond afstort," verduidelik Magiel.

"Nou hoekom haak hulle dit nie af as hulle weet dis so gevaarlik nie?"

228   BOME PLANT

Magiel en Karel werk al die heel dag lank. Karel grou gate en dan gooi Magiel dit toe. 'n Man wat hulle vir 'n hele rukkie bekyk het, stap nader en wil weet waarmee hulle besig is.

"Ons is besig om bome te plant," sê Magiel.

"Ek verstaan nie," sê die man met 'n frons op sy voorkop. "Die een grou gate en die ander een gooi dit toe!"

"Ja," sê Karel. "Gert, wat altyd die plantjies insit, is nie vandag hier nie – hy is af siek."

229 UITLAATPYP

Magiel ry in die dorp met sy motor en 'n prokureur ry in Magiel vas. Die prokureur ken 'n onnosel mens as hy een sien, en hy vat 'n kans.

"Sien jy Magiel – dis nie so erg nie. Dis net jou kar se deur wat ingeduik is. As jy net hard aan die kar se uitlaatpyp blaas, dan sal die deur sommer vanself weer uitduik tot dit reg is."

Magiel herkou 'n oomblik aan die idee en meen dat dit nogal logies klink. Hy gaan lê plat op sy maag agter sy motor en begin blaas. Intussen maak die prokureur hom stilletjies uit die voete.

'n Rukkie later kom Karel op die toneel aan en vra verbaas: "Wat probeer jy doen, Magiel?"

Met lippe wat vol blase gebrand is van die warm uitlaatpyp, verduidelik Magiel presies wat gebeur het en wat hy nou so onsuksesvol probeer doen.

"Maar Magiel," sê Karel, "dis g'n wonder jou blasery wil nie werk nie. Jou kar se ruit is dan oop!"

230 VAKANSIE

Magiel bekla sy lot by Karel. "Weet jy, elke keer wat ek met vakansie Durban toe gaan, raak my vrou swanger. Dis nou vier vakansies wat verby is, en vier kinders later."

"Wat gaan jy daaromtrent doen?" vra Karel. "Gaan jy haar nou maar iewers anders heen vat vir julle vakansie?"

"Nee," antwoord Magiel. "Ek dink ek moet haar maar net in die vervolg saam met my vat."

231 TOWERLAMP

Magiel, Karel en Gert is al vir 'n jaar gestrand op 'n eensame eiland. Een dag tel hulle 'n towerlampie op. Hulle vryf die lampie en 'n klein mannetjie kom daar uit.

"Julle het my gered van die lamp," sê die mannetjie dankbaar. "Ek kan drie wense toestaan aan die een wat my gered het. Maar omdat daar drie van julle is, kan julle elkeen net een wens kry."

Gert begin eerste: "Ek wens ek kon terug by die huis wees!"

"Jou wens is vervul!" sê die mannetjie, en woeps, weg is Gert.

Karel is volgende aan die beurt: "Ek wens ek kon ook terug by die huis wees!"

"Jou wens is vervul!" sê die mannetjie, en woeps, weg is Karel.

"Ag, nee," sê Magiel, "dis eensaam sonder my *tjommies* hier. Ek wens hulle was terug by my!"

232   VERSEKERING

Magiel: "Ek gaan my kar teen brand verseker."

Karel: "Wat van versekering teen diefstal?"

Magiel: "Wie sal nou 'n kar wil steel wat brand?"

233   KOEIE MELK

"Ek het 'n baie moeilike tyd as kind gehad," sê Magiel aan Karel. "My pa se plaas het 200 koeie gehad en elke dag moes ek en my twee broers die werk om die koeie te melk tussen die drie van ons verdeel."

"Goeie genugtig," sê Karel. "Dis darem vreeslik baie werk vir drie klein seuntjies."

"Wel, dit was baie erg vir ons totdat my pa nog 'n honderd koeie gekoop het, en toe het dit beter gegaan."

"Goeiste!" sê Karel verbaas. "Hoe het dit gehelp om dinge beter te maak?"

"Wel," antwoord Magiel baie selfvoldaan, "enige aap kan 300 deur 3 deel!"

234   MILJOEN RAND

Magiel en Karel drentel deur 'n boekwinkel. Magiel haal 'n boek uit die rak en sê: "Karel, kyk hier is 'n boek oor hoe om 'n miljoen rand te maak."

"Laat ek sien," sê Karel en neem die boek by Magiel. "Ag nee, Magiel, die helfte van die bladsye is dan weg!"

"Wel, 'n halfmiljoen is ook nie te versmaai nie."

235   TOEBROODJIES

Karel, Magiel en Gert werk op 'n konstruksiewerf aan 'n wolkekrabber, en sit met middagete twee honderd meter bo die aarde op 'n staalbalk hul toebroodjies en eet. Karel kyk vies na sy toebroodjie. "Alweer konfyt. As ek môre weer konfyt op my brood kry, spring ek net hier af."

Gert kyk na sy broodjie. "En ek het alweer kaas. Dis elke dag dieselfde, dis elke dag net kaas. As ek môre weer kaas op my brood kry, spring ek net hier af."

Magiel volg hul voorbeeld en kyk wat hy op sy broodjie het. "Alweer ham. Wel, as ek môre weer ham op my toebroodjie het spring ek ook net hier af."

Die volgende dag sit die drie manne weer reg om hul toebroodjies te eet. Karel maak sy kosblik eerste oop. "Alweer konfyt. Ek het julle gesê ek sal hier afspring, so hier gaan ek." 'n Oomblik later land hy met 'n slag op die grond, morsdood.

Gert maak versigtig sy kosblik oop. "Alweer kaas. So kan dit nie aangaan nie, ek gaan ook spring." Net daarna val hy homself te pletter op die grond.

Magiel bekyk sy toebroodjie. Dis ham. Hy volg sy kollegas se voorbeeld, en oomblikke daarna lê hy dood op die grond saam met hulle.

'n Maand later ontmoet die drie weduwees mekaar vir tee. "Arme Karel," sê sy weduwee. "As hy maar net vir my gesê het dat hy iets anders as konfyt wou hê."

"Ons was twintig jaar getroud, en ek weet nie eens dat my man nie van kaas gehou het nie," snik Gert se weduwee.

"Ag die arme, arme Magiel," bars Magiel se weduwee in trane uit. "Hy het altyd sy eie toebroodjies gemaak."

236   BRAAI

Magiel kom by die hardeware-winkel en bestel drie-en-'n-half miljoen bakstene.

"Sjoe, maar dis baie bakstene," sê die assistent. "Wat gaan jy bou?"

"'n Braai," antwoord Magiel.

"Drie-en-'n-half miljoen bakstene vir 'n braai! Hoe kry jy dit reg?"

"Wel, my woonstel is op die vyftiende verdieping."

14. Blondines

237   GLASMUUR

Waarom het die blondine teen die glasmuur uitgeklim?

Sy wou kyk hoe lyk dit aan die ander kant.

238   VERTROULIKE DOKUMENT

Hoe faks 'n blondine 'n vertroulike dokument?

Sy plaas dit in 'n koevert!

239   VERHUIS

Brunet: "Hoekom het jy verhuis?"

Blondine: "Ek het gehoor dat 90 persent van alle ongelukke gebeur in die huis."

240   E-POS

Hoe e-pos 'n blondine 'n dokument?

Maklik. Sy maak 'n fotokopie van die CD waarop die dokument gestoor is, plaas dit in 'n koevert, sit 'n seël op, en gooi dit in die pos.

## 241	BRAND

Die blondine se woonstel slaan aan die brand en sy bel die brandweer.

"Hoe kom ons daar by jou uit?" vra die brandweerman.

"Hello-o-o! Met daai groot rooi trok van julle, natuurlik!"

## 242	RUBBERHANDSKOENE

Matrone aan blonde verpleegster: "Hoekom gebruik ons rubberhandskoene wanneer ons die pasiënte was?"

Blondine: "Sodat ons hande nie nat word nie, matrone."

## 243	BLONDINES SE KENNISGEWING

"Ons blondienis hir bydi kaantoor is moeg fan alie dom simpil grape oor ons. Darom gee ons hirie kenisgeving yt. Ons dink dit is tystering. Ons het 'n prokireer gekry en hy sali saak ali pad tot by die hoogiregshov fat asit notig is.

"Ons het ok met die ministir gepraat om 'n niwe wet te maak om hirie firfolging te stop. Ons wil 'n wet he wat maak dat mense net sifeel brined grape as blondieni grape firtel en ok parteimal roikop grape.

"As diti gebeer nie sal ons met nimant ytgan wati blont isi en ons sal grape oor jile opmak en fir jile lag!

"Getekint deerie blondienis bydi kaantoor (tekint meti potloot sodat jy kan ytfee as jy 'n vout maak)."

## 244	DANS

Die blondine dans met 'n stafsersant en vra hom: "Wat beteken die strepe en die kasteel op jou mou?"

Die stafsersant, wat al baie moeg is vir al die vrae, antwoord: "Die kasteel beteken dat ek getroud is en die drie strepe beteken dat ek drie kinders het."

Kort hierna dans dieselfde blondine met 'n sersant. Sy sien die drie strepe op sy mou sonder die kasteel, knipoog vir hom, en roep uit: "Jou stouterd!"

245 WEERLIG

Hoekom kyk die blondine by die venster uit as die weerlig slaan? Sy dink hulle gaan haar foto neem.

246 NAGKLUB

Hoekom staan daar 17 blondines voor die nagklub se deur en wag, maar hulle gaan nie in nie?

Hulle wag vir nog 'n blondine om op te daag. Hulle het gehoor jy moet 18 wees om in te gaan...

247 SYKOUSE

'n Woedende klant kom by die blonde winkelassistent en sê: "Ek het nou net hierdie sykouse vir R60,00 gekoop en dit het 'n leer in."

Die blondine kyk haar op en af en snou haar toe: "Nou wat het jy dan verwag – 'n marmertrap?"

248 MEDISYNEKASSIE

Waarom loop die blondine op haar tone verby die medisynekassie?
Sy wil nie die slaappille wakker maak nie.

249 DRAADHANGER

Waarom hou die blondine 'n draadhanger op haar motor se agtersitplek?
Sy is bang sy sluit haar sleutels in die motor toe.

250 BLONDE FAKS

Hoe weet jy dat 'n faks deur 'n blondine gestuur is?
Daar is 'n seël op.

251 BRUNET SE WERK

Wat noem jy 'n brunet met 'n blondine aan elke sy?
'n Vertaler.

252　BLONDE KAR

Hoekom hou blondines daarvan om BMW's te ry?
Want hulle kan dit spel.

253　PORT ELIZABETH

Eerste blondine: "Hoekom het jy PE toe getrek?"
Tweede blondine: "Want dit is makliker om te spel."
Eerste blondine: "Makliker as wat?"

254　EINA!

Wat kan 'n blondine tref sonder dat sy dit weet?
'n Gedagte.

255　SPIEËLS

Blondine in winkel: "Ek wil graag julle spieëls sien."
Winkelassistent: "Die handspieëls?"
Blondine: "Nee, die spieëls waarin ek my gesig kan sien!"

256　AAN 'n LYNTJIE

Hoe hou jy 'n blondine aan 'n lyntjie?
"Ek sal jou môre vertel."

257　BUIKSPREKER

Die jong buikspreker sit met sy pop op sy knie in 'n nagklub en vertel sy gewone reeks blonde grappies. Meteens spring 'n blondine in die vyfde ry op haar stoel en skree: "Ek het nou genoeg van jou simpel blonde grappies gehad! Wat laat jou dink jy kan mense op hierdie manier stereotipeer? Wat het die kleur van 'n persoon se hare te make met haar waarde as 'n mens? Dit is mans soos jy wat veroorsaak dat dames soos ek nie in die werkplek en in die samelewing gerespekteer word nie! Dit is mans soos jy wat veroorsaak dat dames soos ek nie hulle volle potensiaal in die lewe kan bereik nie! Net omdat jy en jou tipe voortgaan daarmee om diskriminasie te laat toeneem – nie net teen blondines nie, maar teen vrouens in die geheel... en dit alles in die naam van humor!"

Die buikspreker begin om verleë verskoning te maak, maar die blondine skree: "Bly jy hieruit, meneer! Ek praat met daardie klein nikswerd snotkop op jou knie!"

258 BLINDE MAN

Die blinde man stap per ongeluk by 'n kroeg in wat slegs deur vroulike motorfietsryers besoek word. Hy vind sy pad na die kroegtoonbank, neem plaas op 'n kroegstoel en bestel 'n drankie. Na 'n rukkie roep hy: "Haai kroegman, wil jy 'n blonde grappie hoor?"

Die kroeg raak onmiddellik baie stil. Met 'n diep, lae stem sê die vrou langs die blinde man: "Voordat jy begin vertel en siende dat jy 'n blinde man is, wil ek net 5 feite aan jou noem: Nommer 1. Die kroegman is eintlik 'n blonde vrou met 'n bofbalkolf by haar. Nommer 2. Die uitsmyter is 'n frisgeboude blondine. Nommer 3. Die vrou wat langs my sit is 2 meter lank, weeg 120 kilogram, is 'n professionele gewigopteller, en is ook 'n blondine. Nommer 4. Die vrou regs van jou is 'n professionele rofstoeier, en ook 'n blondine. Nommer 5. En ekself is 'n blondine met 'n swart gordel in karate. Dink nou baie ernstig hieroor meneer – wil jy nog steeds daardie blonde grappie vertel?"

Die blinde man dink vir 'n oomblik, skud sy kop en sê: "Nee... nie as ek die grap vyf keer moet herhaal nie."

15.   Kerksake

259   KERKOPKOMS

"Daar was 'n massiewe opkoms by ons kerk gisteraand."

"Nuwe predikant?"

"Nee die gebou het afgebrand."

260   GEDENKPLAAT

Een Sondagoggend sien die predikant 'n klein seuntjie in die voorportaal van die kerk wat aandagtig na 'n groot gedenkplaat teen die muur staar. Die gedenkplaat was oortrek met name en daar was klein landsvlaggies weerskante.

Na 'n rukkie loop die dominee nader, kom staan langs die seuntjie, en sê saggies: "Goeiemôre my seun".

"Môre, Dominee" sê hy, met sy oë nog vasgenael op die gedenkplaat. "Dominee, wat is dit hierdie?" vra hy.

Die dominee antwoord: "Wel, my seun, dit is 'n gedenkplaat vir al die jongmanne wat in diens gesterf het". In doodse stilte en met groot eerbied staan die twee toe voor die gedenkplaat en staar na die name.

Uiteindelik, in 'n skaars hoorbare stemmetjie en bewend van vrees vra die seuntjie: "Watter diens Dominee? Die negeuur- of die elfuurdiens?"

261 DRANKPROBLEEM

"Broer Koos, hoe gaan dit deesdae met die drankprobleem?" wil die dominee na die kerkdiens weet.

"Nee, dominee, ek drink nie meer so baie nie. As ek een dop in het, is ek 'n ander man... en kan hy vir jou suip!"

262 BETAAL

'n Klein meisietjie raak rusteloos toe die preek te lank uitrek. Sy leun oor na haar ma en fluister: "Ma, as ons nou vir hom die geld gee, sal hy ons laat huis-toe gaan?"

263 SPOG

Drie seuntjies spog oor hulle pa's.

Jannie: "My pa skryf net 'n paar woorde op 'n stukkie papier, noem dit 'n gedig, en hulle betaal hom R100 daarvoor!"

Pietie: "Wel, my pa skryf net 'n paar woorde op 'n stukkie papier, noem dit 'n liedjie, en hulle betaal hom R1 000 daarvoor!"

Kosie: "Dis nog niks. My pa skryf net 'n paar woorde op 'n stukkie papier, noem dit 'n preek, en dit vat agt mense om al die geld op te neem!"

264 DIE DUIWEL

Twee seuntjies loop die Sondag huis-toe na 'n preek oor die duiwel.

Jannie: "Wat dink jy van hierdie duiwel-storie?"

Pietie: "Wel, jy weet hoe Kersvader uitgedraai het. Dis seker net weer mens se pa!"

265 STILTE

Die Sondagskoolonderwyser vra aan sy klassie: "En waarom is dit nodig om doodstil te wees in die kerk?"

Sannie: "Omdat die mense slaap!"

266 GELD

Die R1-stuk ontmoet die R100-noot.

R1-stuk: "Waar was jy al die tyd? Ek het jou lanklaas gesien!"

R100-noot: "Wel, jy weet, by die casino's rondgehang, op 'n bootreis na die Bahamas toe en terug, by 'n paar rugbywedstryde, by die winkelsentrum, en so aan. En wat van jou?"

R1-stuk: "Dieselfde ou storie; kerk, kerk, kerk..."

16. Ander

'n Argeoloog en sy span doen opgrawings langs 'n piramiede in Egipte. Hulle kom op 'n paar mummies in 'n graf af en langs die graf is 'n beker wat kos bevat het wat bedoel was vir die dooies as hulle uit die dood uit opstaan. Op die beker was 'n paar hiërogliewe uitgekerf, maar die argeoloog en sy span kon dit nie ontsyfer nie. Hulle vra toe 'n professor in Egiptologie om hulle te help.

Die professor vertaal toe soos volg: "Beste om voor 2000 vC te gebruik."

Koos kom agter dat hy bietjie doof word en besluit om 'n gehoorapparaat te koop. Hy's net bietjie doof, en verdomp suinig, so hy wil nie baie geld uitgee nie.

"Hoeveel kos die goed?" vra hy vir die verkoopsdame.

"Dit hang af wat jy soek – ons het modelle van R40 tot R40 000."

"Nou waarvoor wag jy, wys vir my die R40 model."

Die verkoopsdame haal 'n apparaat uit en hang dit om Koos se nek. "Jy druk nou net die knoppie binne-in jou oor en laat hang die toutjie tot in jou hemp se sak."

"Ja, maar hoe werk die ding?" vra Koos ongeduldig.

"Kyk," antwoord die verkoopsdame, "teen net R40 werk dit nie eintlik soos die ander modelle nie, maar as die mense sien jy het dit aan, praat hulle sommer vanself harder!"

269   SPOOKSTORIES

Gehoor van die haarkapper wat net boeke en tydskrifte vol spookstories in sy winkel aanhou?

Hy sê dis makliker om die mense se hare te sny as dit regop staan.

270   VERDWAAL

Ier: "Ek is verdwaal. Kan jy my sê waar ek is?"

Skot: "Enige beloning by jou?"

Ier: "Natuurlik nie."

Skot: "Dan is jy nog steeds verdwaal."

271   NUWE KAR

'n Invloedryke man wil 'n nuwe kar aan 'n politikus gee as geskenk.

"Jy weet ek kan nie 'n kar aanvaar nie," sê die politikus. "Dit is omkopery."

"Wel, ek kan die kar aan jou verkoop vir R100."

"In daardie geval," sê die politikus, "sal ek twee vat."

272   VINNIGE BOUERS

Amerikaner: "By ons in Amerika bou hulle tien-verdieping geboue in een week klaar!"

Koos: "Dis nog niks. Een oggend ry ek werk toe en sien dat hulle die fondasie vir 'n gebou grawe. Toe ek weer die aand daar verbyry, word die huurders uitgejaag omdat hulle agterstallig was met die huur!"

273   LIBERACE

Een dag het Liberace 'n klein dorpie besoek. Hy het besluit om 'n bietjie te gaan stap en terwyl hy so loop, het hy 'n klavier hoor speel in 'n huis in die straat. Voor die huis was 'n bordjie wat gesê het: "Lisa Smit. Klavierlesse. R10,00 per uur."

Hy het geluister hoe die persoon binne-in die huis een van Chopin se nokturnes speel, maar dit nie baie goed regkry nie.

Hy het toe nadergegaan en aan die deur geklop. Lisa Smit het self die deur kom oopmaak en hom dadelik herken. Sy het hom ingenooi en hy het langs haar by die klavier gaan sit en die stuk gespeel soos net hy dit kon doen. Daarna het hy 'n uur saam met haar spandeer om haar foute uit te wys en toe het hy weer vertrek.

'n Paar maande later besoek hy weer dieselfde dorpie en loop weer in dieselfde straat af. Hy merk toe dat die bordjie voor Lisa se huis verander is soos volg: "Lisa Smit. Klavierlesse. R50,00 per uur. (Student van Liberace)."

274   GEHEIM

Koos: "Kan jy 'n geheim hou?"

Piet: "Sekerlik. Ek sal so stil soos die graf wees."

Koos: "Wel, ek het dringend 'n honderd rand nodig."

Piet: "Moenie bekommer nie. Dis asof ek niks gehoor het nie."

275   KUNSKRITIEK

Kunskritikus: "Koos, as ek so na jou skilderye kyk, dan wonder ek..."

Koos (opgewonde): "Hoe ek dit gedoen het?"

Kunskritikus: "Nee, hoekom jy dit gedoen het."

276   OLIFANT

Attie: "So 'n olifant moet nogal baie geld kos."

Freek: "Ja, ek wens ek het die geld gehad om een te koop."

Attie: "Om een te koop? Wat sal jy met 'n olifant maak?"

Freek: "Niks. Ek wil net die geld hê."

277 BEDEL

Arm man: "Mevrou, kan jy my asseblief R50,00 gee om te kom waar my mense is?"

Vrou: "Ja, jou arme man. Hier is die R50,00. Waar is jou mense?"

Man: "In die kroeg."

278 LYK ENERS

Fanus: "Elke keer as ek jou sien, laat jy my aan Willem dink."

Louis: "Maar ons lyk tog nie na mekaar nie?"

Fanus: "Nee, maar hy skuld my ook geld."

279 SKULD DELG

Willem: "Hoe maak jy met jou skuld?"

Sarel: "Die grotes betaal ek nie, die oues vergeet ek, en die kleintjies maak ek weer groot."

280 LANG TYD

Beskuldigde aan sy advokaat in die hof: "Hoe lank gaan dit nog duur?"

Advokaat: "Vir my een dag; vir jou een jaar."

281 LAE BRUG

'n Vragmotor sit vas onder 'n lae oorbrug. 'n Verbyganger vra 'n onnosel vraag aan die vragmotorbestuurder: "Sit jou vragmotor vas?"

"Nee," antwoord die vragmotorbestuurder, "ek gaan die brug aflewer en my petrol het opgeraak."

282 DUUR PETROL

Petrol is deesdae so duur, jou kar se inruilwaarde verander afhangende van hoeveel petrol dit in het.

283   ONWEERSTAANBAAR

Koos loop eendag op die strand en hy sien 'n lampie in die sand lê. Hy tel die lampie op en vryf hom skoon en net daar spring 'n klein mannetjie uit.

"Jy kan enige iets kry wat jy voor wens," sê hy vir Koos.

"Ek wens ek kan onweerstaanbaar wees vir vroue."

Die volgende oomblik verander Koos in 'n goue kredietkaart!

17. Dol Definisies

284 SUINIGHEID

Wat is die definisie van suinigheid?

Om 'n koekvurkie in jou suikerpotjie te sit.

285 ONDERWYSERES

Wat is die definisie van 'n onderwyseres?

Iemand wat vroeër gedink het sy hou van kinders.

286 TIENER

Wat is die definisie van 'n tiener?

Iemand wat alles weet van goed waaroor jy nie eksamen hoef te skryf nie.

287 TIENER (2)

Wat is die definisie van 'n tiener?

Iemand wat 'n stoel nader sleep as die telefoon lui.

288 ONMOONTLIKHEID

Wat is die toppunt van onmoontlikheid?

Dit is om 'n warrelwind in die hoek van 'n rondawel vas te keer met twee gholfstokke en bokshandskoene aan jou hande.

289   ONMOONTLIKHEID (2)

Wat is die toppunt van onmoontlikheid?

Dit is om die nege-en-tagtigste linkerpoot van 'n duisendpoot uit te trek met bokshandskoene aan jou hande.

290   PESSIMIS

Hoe herken jy 'n pessimis?

Hy maak sy broek met beide 'n gordel en kruisbande vas.

291   PESSIMIS (2)

Wat is die definisie van 'n pessimis?

'n Optimis met ondervinding.

292   OPTIMIS

Wat is die definisie van 'n optimis?

Iemand wat die motorwerktuigkundige glo as hy sê die herstelwerk aan sy kar sal nie baie kos nie.

293   IDIOOT

Wat is die definisie van 'n idioot?

Iemand wat die diepte van water met albei sy voete toets.

294   POU

Wat is die definisie van 'n pou?

'n Hoenderhaan wat blom.

295   DIEET

Wat is die definisie van 'n dieet?

'n Manier van maer word waarvoor jy gou dik word.

296   TAKT

Wat is die definisie van takt?

Die vermoë om jou mond toe te maak voor iemand anders dit vir jou doen.

297   BROMMER

Wat is die definisie van 'n brommer?

'n Vlieg met 'n dieselenjin.

298   VOETGANGER

Wat is die definisie van 'n voetganger?

'n Man met twee seuns en een motor.

299   VLEISBRAAI

Wat is die definisie van 'n vleisbraai?

'n Partytjie waar die kos so bietjie rou en die gaste so bietjie gaar is.

300   VIS

Wat is die definisie van 'n vis?

'n Dier wat dieselfde tyd as die meeste vissermanne gaan vakansie hou.

301   ALMANAK

Wat is die definisie van 'n almanak?

'n Kaart waarop jy kan sien hoe om by Kersfees uit te kom.

www.ingramcontent.com/pod-product-compliance
Lightning Source LLC
Chambersburg PA
CBHW071824020426

42331CB00007B/1596